DOCUMENTS GÉOGRAPHIQUES

SUR

L'AFRIQUE SEPTENTRIONALE

TRADUITS DE L'ARABE

Par RENÉ BASSET

DIRECTEUR DE L'ÉCOLE SUPÉRIEURE DES LETTRES D'ALGER

MEMBRE CORRESPONDANT DES SOCIÉTÉS DE GÉOGRAPHIE DE L'EST,

D'ORAN ET DE LISBONNE

PARIS

ERNEST LEROUX, ÉDITEUR

28, rue Bonaparte, 28

—

1898

DOCUMENTS GÉOGRAPHIQUES

sur

L'AFRIQUE SEPTENTRIONALE

NANCY, IMPRIMERIE BERGER-LEVRAULT ET Cⁱᵉ.

DOCUMENTS GÉOGRAPHIQUES

SUR

L'AFRIQUE SEPTENTRIONALE

TRADUITS DE L'ARABE

Par RENÉ BASSET

DIRECTEUR DE L'ÉCOLE SUPÉRIEURE DES LETTRES D'ALGER

MEMBRE CORRESPONDANT DES SOCIÉTÉS DE GÉOGRAPHIE DE L'EST,

D'ORAN ET DE LISBONNE

PARIS

ERNEST LEROUX, ÉDITEUR

28, rue Bonaparte, 28

—

1898

INTRODUCTION

Tandis que la géographie de l'Afrique septentrionale à l'époque romaine est l'objet de nombreux travaux et que, de toutes parts, l'on étudie et l'on compare les indications fournies par les textes et l'épigraphie pour reconstituer l'*Africa romana*, il semble qu'on néglige la période de douze siècles, qui va de la conquête musulmane à la domination française. Cette indifférence apparente s'explique lorsque l'on considère que les documents à mettre en œuvre sont d'un accès beaucoup plus difficile qu'une inscription ou qu'un texte latin ou grec. L'étude de l'arabe n'est pas abordable à tous ceux qui s'occupent de géographie comparée, et cependant, pour rester sur le domaine de l'antiquité, les renseignements donnés par les géographes et les historiens musulmans ne laissent pas d'être d'un grand secours pour combler les lacunes des écrits des anciens tels qu'ils nous sont parvenus.

Il est vrai que la conquête de l'Algérie a donné, surtout en France, une nouvelle impulsion à ces études. La découverte, la publication et la traduction d'ouvrages arabes ont mis déjà d'importants matériaux entre les mains des géographes. La courte liste suivante fera connaître les principaux :

Une des premières descriptions de l'Afrique que nous rencontrons est celle donnée par Ibn Khordadbeh, d'origine guèbre (IIIe siècle de l'hégire), dans son livre intitulé : *Les Routes et les Provinces*, qui ne nous est arrivé qu'incomplet (¹). En laissant de côté l'encyclopédie de Mas'oudi qui ne traite de l'Afrique qu'accidentellement (²), nous trouvons une description du Maghreb, extraite du *Kitâb el Boldân* (*Le Livre des pays*) d'Ah'med El Ya'qoubi (³), publiée et traduite en latin, par M. de Goeje; les traités d'El-Is't'akhry et d'Ibn-H'aouqal (IVe siècle de l'hégire) ont paru dans la collection de géographes arabes éditée à

(¹) Il a été publié avec une traduction par M. Barbier de Meynard. Paris, 1865, in-8o (extrait du *Journal asiatique*).

(²) *Les Prairies d'or*, publié et traduit par MM. Barbier de Meynard et Pavet de Courteille. Paris, 1861-1877, 9 vol. in-8°.

(³) *Descriptio al Maghribi*. Lugduni Batavorum. 1860, in-8°.

Leyde (¹) ainsi que l'ouvrage d'El Moqaddesi (²); le dictionnaire géographique d'Abou'Obeïd el Bekri (³) [vᵉ siècle de l'hégire] a été publié à Leipzig; la description de l'Afrique du même auteur (*Kitâb-El-mesalik ou el-memalik*), ouvrage capital depuis la perte de celui de Moh'ammed ben El Ouarraq, son modèle, a été traduite et publiée par M. de Slane (⁴); la partie du grand ouvrage d'El Edrisi (vIᵉ siècle) qui traite du même pays a paru par les soins de MM. Dozy et de Goeje (⁵). Il faut y joindre le géographe anonyme édité par M. de Kremer (⁶), dont je donnerai la traduction dans cette série et sur lequel je reviendrai plus loin. A ces ouvrages techniques, on doit ajouter les récits de voyage et les itinéraires des pèlerins qui partaient du Maroc pour le pèlerinage de la Mekke et traversaient l'Afrique septentrionale dans toute sa longueur, pour accomplir cette obligation imposée à tout bon musulman. M. Cherbonneau nous a fait connaître par des extraits la relation d'Abou Moh'ammed el'Abdery (vIIᵉ siècle) (⁷). Le grand dictionnaire géographique de Yaqout (vI-vIIᵉ siècles) a été publié par M. Wüstenfeld (⁸), ainsi que ses deux abrégés : le Mera'sid el-It't'ila' (⁹) et le Mochtarik ou dictionnaire des synonymes géographiques (¹⁰); après Rinck, Eichhorn (¹¹) et Solvet (¹²), Reinaud et de Slane faisaient paraître le texte d'Abou'lféda (vIIᵉ-vIIIᵉ siècle de l'hégire), relatif à l'Afrique (¹³), dont le premier publiait en même temps la tra-

---

(¹) De Goeje, *Bibliotheca geographorum arabicorum*. P. I, II, 1870-1873, 2 vol. in-1º. Une version allemande d'El Is't'akhri est due à Mœller, son premier éditeur : *Das Buch der Länder*, Hamburg, 1845. M. de Slane avait traduit en français la partie d'Ibn H'aouqal qui traite du Maghreb : *Description de l'Afrique*. Paris, 1842, in-8º. Une version anglaise d'un remaniement de l'ouvrage complet, due à Ouseley, avait paru à Londres en 1800 : *The Oriental Geography of Ibn Haoukal*, in-4º.

(²) Pars III, *Descriptio imperii moslemici*. 1873, in-8º.

(³) *Geographisches Wörterbuch*, publié par Wüstenfeld. Leipzig, 1 vol. in-8º, 1876-77.

(⁴) *Description de l'Afrique septentrionale*, texte arabe. Alger, 1857, in-8º: traduction française, Paris, 1859, in-8º. En 1831, Quatremère avait déjà reconnu qu'un manuscrit incomplet de la Bibliothèque nationale renfermait une partie du texte d'El Bekri et l'avait fait paraître dans les *Notices et Extraits* (t. XII).

(⁵) *Description de l'Afrique et de l'Espagne*, texte et traduction. Leyde, 1866, in-8º. On ne la connaissait auparavant que par l'abrégé édité, sous le titre de *Geographia Nubiensis*, Rome, 1592, in-4º, traduit par les deux Maronites Sionita et Hesronita, Paris, sur lequel a été fait le commentaire de Hartmann (*Edrisii Africa*. Göttingen, 1796, in-8º), qu'on consulte encore aujourd'hui avec fruit, et par la médiocre traduction publiée sous le nom de Jaubert (*Géographie d'Edrisi*. Paris, 2 vol. in-4º, 1836-1840).

(⁶) *Description de l'Afrique par un géographe arabe anonyme du VIᵉ siècle de l'hégire*. Vienne, 1852, in-8º.

(⁷) *Notice et Extraits de son voyage à travers l'Afrique septentrionale*. Paris, 1854. in-8º.

(⁸) *Mo'djem El Boldân, Geographisches Wörterbuch*. Leipzig, 1866-1871,11 vol. in-8º.

(⁹) *Lexicon geographicum*, ed. Juynboll. Leyde, 1850-1862, 6 vol. in-8º.

(¹⁰) Publié par Wüstenfeld. Göttingen, 1846, in-8º.

(¹¹) *Abulfedæ Africa*. Leipzig, 1791, in-8º.

(¹²) *Description des pays du Maghreb*. Alger, 1839, in-8º.

(¹³) Dans l'édition complète de la *Géographie d'Abou'lféda*. Paris, 1840, in-4º.

duction précédée d'une introduction capitale pour l'histoire de la géographie arabe ([1]). Le voyage d'Ibn Bat'out'ah (VIIIe siècle de l'hégire), le Marco Polo de l'Islâm, a été édité et traduit en français ([2]); à la même époque vivait Et Tidjâni que M. Rousseau a fait connaître par des extraits dans le *Journal asiatique* (1852). Mais aucun de ces écrits n'a l'importance de l'*Histoire des Berbères* ([3]), d'Ibn Khaldoun (VIIIe siècle), extraite de sa grande histoire universelle et qui est pour l'Afrique septentrionale ce que sont les œuvres de Maqrizi pour l'Égypte et d'El-Maqqari pour l'Espagne. Nous arrivons ainsi à l'époque moderne : Léon l'Africain (XVe siècle de notre ère), dont le livre, primitivement écrit en arabe, fut traduit en italien puis en latin ([4]). Depuis lors, nous ne trouvons plus à mentionner que des relations de pèlerinages (*rah'lah*), ou des Itinéraires de commerçants : Les voyages d'El-'Aïachi (XIe siècle de l'hégire, XVIe siècle de notre ère) et de Moula Ah'med [XIIe siècle de l'hégire] ([5]); les Itinéraires de Sidi 'Ali ben Mezrag ([6]), des deux pèlerins marocains ([7]), de H'adj Ibn Eddin El Laghouati ([8]), de 'Abd El Qader El Touaty ([9]), et ceux recueillis par Venture de Paradis ([10]) ou traduits par de Sacy dans l'ouvrage de Walckenaer ([11]), etc.

Pour être complet, il faudrait mentionner les histoires particulières d'une ville ou d'un État : en première ligne, le *Qart'as* consacré à

([1]) Géographie d'Abou'lféda, traduite de l'arabe en français. Paris, 1848, 2 vol. in-8°, t. I, t. II, 1re partie. La traduction a été terminée par M. Guyard. Paris, 1883, in-4°.

([2]) Par MM. Defrémery et Sanguinetti, 4 vol. in-8°. Un abrégé de sa relation avait été traduit en anglais par Lee (*Travels translated with notes*. London, 1829, in-8°) et la partie concernant l'Afrique septentrionale par M. Cherbonneau (Paris, 1852, in-8°); celle relative au Soudan, par M. de Slane (Paris, 1843, in-8°).

([3]) Le texte a été publié par M. de Slane, Alger, 1837-52, 2 vol. in-4°. Le même savant en a fait paraître une traduction complète avec des appendices. (Alger, 4 vol. in-8°, 1852-56.)

([4]) *De Africæ Descriptione*, Lugd. Batav. Elzevier, 1632. Le texte arabe paraît perdu.

([5]) La partie de leurs relations concernant l'Algérie et les pays barbaresques a été traduite par Berbrugger, *Voyages dans le Sud de l'Algérie*, 1 vol. in-4°, Paris, 1846, dans l'*Exploration scientifique de l'Algérie*.

([6]) Publié à la suite du volume précédent.

([7]) Publiés par Berbrugger à la suite de la *Description du Maroc* de Renou. Paris, 1846, in-4°, dans l'*Exploration scientifique de l'Algérie*.

([8]) Commenté par M. d'Avezac. (*Études de géographie critique sur une partie de l'Afrique septentrionale*. Paris, 1836, 1 vol. in-8°.)

([9]) Publié par l'abbé Bargès, *Le Sahara et le Soudan*. Paris, 1853, in-8°.

([10]) A la suite de sa *Grammaire et Dictionnaire abrégés de la langue berbère*. Paris, 1844, in-4°. Ils ont été reproduits dans le volume de l'*Univers pittoresque*, consacré à l'*Afrique australe, orientale et centrale*. Paris, 1848, in-8°.

([11]) *Recherches géographiques sur l'intérieur de l'Afrique septentrionale*. Appendice, Paris, 1821, in-8°. C'est à la même catégorie d'ouvrages qu'appartient l'opuscu berbère dont j'ai donné la traduction: *Relation de Sidi-Brahim de Massat*. Paris, 1885, in-8°.

Fas ([1]); le *Hilal el Maouachia,* histoire de la ville de Maroc ([2]) ; celle
de Mequinès (Miknasa) par Ibn Ghazi ([3]) ; le *Ma'alim el Imân* d'Ibn en
Nedji, indispensable à la topographie ancienne comme à l'histoire de
Qaïrouân ([4]), etc.; en outre, les traités de géographie et les relations
de voyages encore inédits : l'ouvrage d'el Fezâri [xiiie siècle de notre
ère] ([5]); d'Ibn Rechid en Nonchérichi [viiie siècle de l'hégire] ([6]);
d'El Belaouï ([7]), d'Ah'med El Ghazâl El Fasi ([8]), de Mos't'afa el Bekri, etc.

Cette série comprendra des traductions de textes ou d'extraits de
textes, tous relatifs à l'Afrique septentrionale, ainsi que les itinéraires
que j'ai été à même de me procurer dans mes diverses missions dans
les États barbaresques, en y joignant les notes strictement nécessaires
à l'intelligence des faits historiques mentionnés çà et là. J'espère par
là contribuer, pour ma modeste part, au progrès de la géographie comparée de la région qui va des Syrtes à l'Océan Atlantique et qui, déjà
française en partie, le sera un jour dans toute son étendue.

Lunéville, 12 octobre 1883.

([1]) Traduit en portugais par Moura et en allemand par Dombay ; il a été publié
avec une version latine par Tornberg (*Annales regum Mauritaniæ.* Upsala, 2 vol.
in-4o, 1844-1845) et traduit en français par Beaumier (*Roudh el Qart'as.* Paris, in-8o,
1860).
([2]) Manuscrits de Paris, d'Alger, de Tétouan.
([3]) Manuscrits de Fas et d'Alger.
([4]) Manuscrits de Paris, d'Alger, de Tunis.
([5]) Manuscrits de Qaïrouân, d'Alger, de Paris.
([6]) Manuscrit de l'Escurial.
([7]) Manuscrits de Fas, d'Alger, de Tunis et de Gotha. Cf. la notice que j'en ai donnée dans *les Manuscrits arabes de deux bibliothèques de Fas.* Alger, 1883, grand
in-8o, p. 14-15.
([8]) Manuscrit de Tunis, d'Alger.
([9]) Manuscrit de Tunis.

DOCUMENTS GÉOGRAPHIQUES

L'AFRIQUE SEPTENTRIONALE

CHAPITRE PREMIER.

UN ITINÉRAIRE ARABE.

De Fas à Djemaʿ-Ghazâouât (Nemours).

En avril 1883, pendant mon séjour à Mascara, lors d'une mission scientifique en Algérie et au Maroc, dont le *Bulletin de la Société de géographie de l'Est* publie en ce moment le récit, j'eus l'occasion d'entrer en relations avec le fils d'un marchand marocain, Moh'ammed ben elʿArbi ben ʿAli-el Mecherfi, dont j'avais connu le père à Relizane, chez le khalifah de la Minah, Si Lâribi. Les nécessités de son commerce lui avaient fait parcourir plusieurs fois le pays entre Fas et l'Algérie ; comme il appartenait à une famille de lettrés, je lui demandai de me mettre par écrit l'itinéraire qu'il suivait pour aller de la capitale du Maroc à Nemours.

Il n'existe, à ma connaissance, que deux Européens qui aient réussi à traverser cette région peu connue : le premier est l'Espagnol Badia y Lieblich (le pseudo ʿAli-bey elʿAbbâsi), qui, au commencement de ce siècle, visita sous l'habit de chérif l'Afrique septentrionale. D'après sa relation, que je n'ai pas en ce moment sous les yeux, il suivit la route qui mène en cinq jours de Fas à Oudjdah en passant par Thazah, route reprise tout récemment par un voyageur anglais. C'était également le chemin que me proposait de prendre le qaïd marocain 'Abd el Qâder bou-Terfas, lorsque je me trouvais à Oudjdah au mois d'avril 1882. L'obligation de rentrer à Alger à une date fixée par les nécessités du service m'obligea, à mon grand regret, de décliner cette offre.

En dehors de la relation de 'Ali-bey, nous n'avons sur ce pays que les itinéraires des géographes arabes : El-Ya'qoubi (IXe siècle), El Bekri (XIe siècle), El Edrisi (XIIIe siècle), Ibn Bat'out'ah (XIVe siècle) et ceux de Léon l'Africain (XVIe siècle) et de son copiste Marmol ; de rares indications éparses chez les historiens musulmans, surtout Ibn-Khaldoun et Ibn 'Abd el H'alim, et chez les voyageurs européens qui, dans ces derniers siècles, abordèrent au Maroc : la plupart de ces renseignements ont été utilisés par Renou dans le volume de l'*Exploration scientifique de l'Algérie* consacré à ce pays. J'ai moi-même, à Tanger, à Tétouan et à Mascara, recueilli des indications sur toute la région connue sous le nom de Rif et inaccessible aux Européens.

Pour aride qu'il soit, l'itinéraire d'El-Mecherfi a l'avantage de faire connaître une route inexplorée jusqu'ici. Au sortir de Fas, il suit pendant quelque temps le chemin qui va de cette ville à Tlemcen et à Qaïrouan (El Bekri et El Edrisi) ; il croise ensuite l'itinéraire de Fas à Nokour (El Bekri) et d'Alhucemas à Thazah, donné par le Français Roland Fréjus (XVIIe siècle). En partant de Fas, il se dirige vers l'E.-S.-E., puis tourne au nord, suit le versant occidental de la chaîne de Garet qu'il franchit bien au sud de Melilla ; il reprend sa direction vers l'Est à travers les montagnes des Kibdana, traverse la Molouyah près de son embouchure et, longeant le rivage dont nous ne connaissons que les côtes, passe au nord de Nedromah pour aboutir à Djema'-Ghazâouât (Nemours). Ce détour semble être fait pour éviter les tribus marocaines des Angads, qui, à l'Est de Thazah, passent pour piller les caravanes.

Les détails que donne El Mecherfi sont peu nombreux : la valeur principale de l'itinéraire consiste dans les points nouveaux qu'il nous signale et que je n'ai pas toujours réussi à identifier. Outre les historiens et les géographes arabes et européens que j'ai cités plus haut, j'ai eu recours aux informations que m'a fournies, à Mascara, 'Ali ben-H'addou ; à Tanger, T'ahar ben Ah'med el Hoouari, tous deux de la tribu des Guela'ïa ; et à Tétouan, 'Amar Ou-H'addou, de la tribu des Temsaman. Les renseignements donnés par le second sont surtout dignes de confiance.

La route est divisée par journées ; malheureusement, cette estimation est excessivement vague : j'ai vu, au Maroc, compter des journées de treize heures et d'autres de huit ; la difficulté des chemins, le mauvais temps, la quantité de marchandises qu'on transporte, la qualité des montures et des bêtes de somme, sont autant de causes d'estimation inégale. La nécessité de faire halte près d'un puits, d'une zaouïah ou d'un caravansérail, où l'on soit à l'abri d'une attaque nocturne, peuvent faire allonger ou raccourcir une étape. Pour citer un fait personnel, il m'est arrivé, entre Tétouan et Ceuta, de rester arrêté plus d'une heure devant un torrent avant de trouver un gué, une crue subite ayant rendu impraticable celui où l'on passait d'ordinaire. Le même incident peut se représenter souvent dans les montagnes du Rif, surtout si l'on voyage au printemps. On peut en moyenne évaluer la journée ordinaire à 10 heures de marche, à 7 kilomètres à l'heure, lorsqu'on ne transporte que peu de bagages avec soi.

Lunéville, 7 août 1883.

Itinéraire.

(1re journée.) — « En sortant de Fas par la porte d'El-Fatouh', nous arrivons à un pont sur l'Oued Sebou, fleuve considérable. Là commence le territoire des Oulad el-

H'âdj. Nous passons la nuit dans la tribu d'El Ah'yaïnah, près d'une grande rivière appelée Inaouen, où remonte de l'Océan un grand poisson nommé alose (*châboul*) : c'est un poisson de grande taille, qui surpasse les autres en délicatesse. »

El Bekri (*Description de l'Afrique*, trad. de Slane, Paris, 1859, in-8°) nous apprend que la porte d'El Fatouh' était située dans le quartier des Andalous à Fas et regardait le midi. D'après l'auteur du *Roudh el Qart'âs* (*Histoire des souverains du Maghreb*, trad. Beaumier, Paris, 1860, in-8°, p. 49), cette porte, construite par Edris ben Edris qui lui donna le nom de Bâb-El-Qiblah, fut détruite par Dounas-el Azdi et rebâtie par El Fatouh' ben el Mo'ezz ben Ziri-ben At'ia ez Zeneti el Maghraoui, gouverneur de Fas (451-454 hég.). C'est aussi ce que rapporte Ibn Khaldoun (*Histoire des Berbères*, trad. de Slane, Alger, 4 vol. in-8°, 1852-1856, t. III, p. 253). Ibn Ghâleb, dont l'*Histoire du Maghreb* est aujourd'hui perdue, nomme ce personnage El-Fatouh' ben Mans'our el Ifreni (*Roudh-El-Qart'âs*, p. 49). Elle existait encore sous ce nom au temps de Marmol.

Avant d'arriver à l'Oued Sebou, on traversait le marais d'Ibn H'ichâm (El Bekri, *Description*, p. 315). Ce fleuve, qui reçoit l'Oued Fas, passe à 2 milles de la ville, d'après Ibn 'Abd el H'alim (*Roudh el Qart'âs*, p. 39-40) ; selon El Bekri à 4 milles (*Description de l'Afrique*, p. 316) ; d'après l'auteur du *Kitâb el Istibs'âr*, à 3 milles (*Description de l'Afrique par un géographe anonyme du VIe siècle de l'hégire*, publiée par de Kremer, Vienne, 1852, in-8°) ; selon El Edrisi, à 6 milles (El Edrisi, *Description de l'Afrique et de l'Espagne*, éd. Dozy et de Goeje, Leyde, 1866, in-8°, p. 79 du texte arabe). Marmol place cette rivière à une lieue et demie de la ville (*L'Afrique de Marmol*, trad. par Perrat d'Ablancourt, Paris, 1677, 3 vol. in-4°, t. II, p. 172). Ces divergences proviennent sans doute des changements de l'enceinte de Fas.

Les voyageurs modernes, 'Ali-bey et Delaporte, placent la province d'El Ah'yaïnah (H'aïaïna) au N.-O. de Taza (Thazah) sur la route de Fas à Oudjda. Elle est aussi mentionnée par l'ouvrage intitulé : *A Letter from a gentleman of the lord ambassador Howard's retinue*, London, 1670 (Cf. Renou, *Description du Maroc*, Paris, 1846, in-4°, p. 341-342).

Le fleuve d'Inaouen était aussi sur la route de Fas à Tlemcen, d'après El Edrisi (*Description de l'Afrique*, p. 91). La carte de la mer Méditerranée en 8 feuilles, dressée par Petermann (Gotha, Perthes, 1880), le nomme Oued-Ynaouen. A partir de ce point, l'itinéraire d'El-Mecherfi se sépare de la route de Fas à Tlemcen et à Qaïrouan, décrite par El Bekri et El Edrisi.

Le *Roudh el Qart'ás* (tr. de Beaumier, p. 40) et Marmol (*L'Afrique*, t. II, p. 166) font également l'éloge de l'alose (*cháboul*, d'où l'espagnol *Sàbàlo*) et du mulet (*bouri*) qu'on pêchait dans l'Oued Sebou, aussi El Edrisi, éd. de Goeje et Dozy, p. 325 du vocabulaire.

(2ᵉ journée.) — « Au matin, nous traversons, dans notre route, la tribu d'El Ah'yaïnah et nous couchons sur sa frontière. »

Un autre itinéraire, allant de Fas à Melilla, qui m'a été communiqué à Mascara, donne les étapes suivantes :

1ᵉʳ jour. De Fas chez les Djebalias (El-Ah'yaïnah?).

2ᵉ jour. Brânis' (tribu).

3ᵉ jour. Sidi Moh'ammed Ouriaghen.

4ᵉ jour. Temsaman (tribu).

5ᵉ jour. Guela'ïa (tribu) et Melilla.

(3ᵉ journée.) — « Le lendemain matin, nous nous remettons en marche ; nous rencontrons une rivière sur la frontière de cette tribu et de celle d'Ida Soul (?). Ce fleuve qu'on appelle Amlil (?) est petit. Nous passons la nuit sur la frontière de la tribu en question. »

Le nom d'Amlil paraît se rattacher à la racine berbère MLL, qui signifie blanc (*amellal*, *thamellalth*, etc.).

(4ᵉ journée.)—«Le lendemain, notre route nous conduit, avec la permission de Dieu, à un fleuve nommé Oued el Ah'dhar, où les Berânis' coupent le chemin ainsi que les Miknâsah de l'Oued Soul. Nous passons la nuit à Qas'bâh-Miknâsah ; sur la frontière de cette tribu coule un petit fleuve. »

Peut-être faut-il lire *El Akhdhar* (le Vert), au lieu d'*El Ah'dhar*; l'addition d'un point suffit pour cette correction.

Les Berbères Berânis' appartiennent à la famille des Ghomara ; au iiiᵉ siècle de l'hégire, ils se révoltèrent sans succès contre Sa'ïd II ben Idris, prince de Nokour, sous la conduite d'un certain Segguen (El Bekri, *Description de l'Afrique*, p. 213 ; Ibn Khaldoun, *Histoire des Berbères*, t. II, p. 139).

Les Miknâsah, de qui la ville de Mékinès (Miknas) tire son nom, comprennent, d'après Ibn Khaldoun, les Ourtifa, les Ourtedous, les Teflît, les Moualat, les Harat et les Ourflas ; ils descendaient de Madghis el Abter, l'un des deux ancêtres des Berbères, par Ourstif, fils de Yahya, fils de Dari, fils de Zahhik, fils de Madghis (*Histoire des Berbères*, t. 1, p. 172).

(5ᵉ journée.)—«Au matin, nous traversons cette rivière ; notre chemin nous conduit aux Cinq-Doigts et nous entrons dans la tribu des Oulad Bakkar. Nous en sortons dans notre journée et nous passons la nuit dans l'importante tribu des Agzanayah. Il s'y trouve des montagnes élevées et boisées ; l'épaisseur des fourrés et des taillis est telle qu'on n'aperçoit un homme que lorsqu'on est face à face avec lui ; on ne peut lui échapper à moins de l'arrêt et de la protection de Dieu. »

J'ai corrigé en *s'aouabi'* (doigts) le mot *saouabi'*, que porte le texte, sans d'ailleurs pouvoir déterminer la position de ce point.

(6ᵉ journée.) — « Le matin, notre route nous amène à la frontière de cette tribu ; nous passons la nuit auprès du juste ami de Dieu, non loin de la qoubbah bénie, Sidi A'li Bou Raqbah. »

(7ᵉ journée.) — « Le matin, notre route nous conduit au pays nommé Azlef, résidence des voleurs qui coupent la route d'Agzanayah, des gens du Rif et des Met'ali'ah. Cette région est déserte et sans eau. Le soir, on passe la nuit à la zaouïah bénie de Bou H'addaïr. »

(8ᵉ journée.) — « Nous repartons le matin et nous passons la nuit à Tafersigt, ville du Rif. »

Tafersigt est sans doute la ville que la carte de la Méditerranée de Petermann appelle Tafarsit et place dans le Garet, au nord de la chaîne qui finit à Melilla. D'après Roland Fréjus, qui la nomme Tafarsy, elle est à 13 heures de marche d'Alhucemas (Renou, *Le Maroc*, p. 339). Au XIVᵉ siècle, Tafercît (ou Tafersigt) appartenait aux Oulad-Mah'alli, branche des Bot'ouïa, S'enh'adja de la 3ᵉ race, et alliés à la famille royale du Maroc, les Beni Merin (Ibn-Khaldoun, *Histoire des Berbères*, t. II, p. 123).

(9ᵉ journée.) — « Le matin, notre route nous mène au bord de la mer ; nous passons la nuit à la zaouïah de l'ami de Dieu, le juste Sidi Moh'ammed Ah'adhri. »

Les renseignements que j'ai recueillis à Mascara placent la zaouïah de Sidi Moh'ammed Ah'adhri dans la tribu des Beni Sa'ïd. Cette assertion semble être en contradiction avec ce que dit un peu plus loin l'auteur de l'itinéraire.

(10ᵉ journée.) — « Le matin, nous reprenons notre route et nous entrons dans la tribu des Beni Oulechchik ; nous passons la nuit sur sa frontière. »

Les mêmes renseignements disent que le territoire des Beni Oulechchik (*Var.*, Ouletchik) s'étend jusqu'à la ville célèbre de Nokour. Leur dialecte est semblable à celui des Guela'ïa.

(11ᵉ journée.) — « Le matin, nous nous remettons en chemin et nous arrivons à la tribu des Beni Sa'ïd. Nous passons la nuit à Souq el Djema'ah (*Marché du vendredi*). »

Au temps de Léon l'Africain et de Marmol, les Beni-Sa'ïd se divisaient en trois tribus : Beni Sa'ïd, Beni-Mans'our et Beni Oulid, issues des Ghomaras et très belliqueuses. Leur forteresse se nommait Qala'ah ; ils payaient tribut au roi de Fas et pouvaient mettre sur pied 8,000 combattants (Léon l'Africain, *De Africæ descriptione*, Leyde, 1632, 2 vol. in-32, p. 449 ; Marmol, *L'Afrique*, t. II, p. 292-293). A Arzeu, j'ai recueilli un conte dans le dialecte berbère parlé par les Beni Sa'ïd et appartenant au groupe chelh'a du Rif. Il me paraît difficile d'admettre l'opinion de Renou (*Description du Maroc*, p. 350), d'après laquelle les Guela'ïa tireraient leur nom de la Qala'ah des Beni Sa'ïd. Les noms de Qala'ah, Koléah, Goléa (qui en sont les diminutifs) correspondant au *taourirt* berbère se représentant trop souvent dans la synonymie géographique du Maghreb.

(12ᵉ journée.) — « Le matin, notre route nous conduit à une rivière appelée Kart', qui vient des frontières des Beni-Sa'ïd et des Guela'ïa. »

La carte de la Méditerranée par Petermann donne l'Oued-Kert qui se jette dans la Méditerranée auprès du cap Negri. Au temps d'El Edrisi, il existait un port du même nom à l'embouchure de ce fleuve (*Description de l'Afrique*, p. 205).

A partir de la 12ᵉ journée, la route qui allait vers le nord tourne à l'Est.

(13ᵉ journée.) — « Le matin, nous nous remettons en route et nous couchons au Souq appelé Azghanghan dans le pays des Guela'ïa. »

Azghanghan est la ville que les éditeurs d'Ibn Bat'out'ah ont lu Azaghnaghan, et que le célèbre voyageur moghrabin traversa en allant de Nedromah à Tâza (Ibn-Bat'out'ah, *Voyages*, éd. Defrémery et Sanguinetti, 4 vol. in-8°, Paris, t. IV, p. 332). Au dire de Marmol, cette population avait la même origine que les Beni-Mans'our : le pays s'étendait jusqu'au Garet et abondait en miel, en orge et en troupeaux ; on y comptait 4,000 combattants (*L'Afrique*, t. II,

p. 293 ; Léon l'Africain, *De Africæ descrip.*, p. 450). Des renseignements empreints d'exagération me représentaient, à Mascara, Azghanghan comme aussi grand que cette ville.

(14ᵉ journée.) — « Nous repartons le lendemain matin et nous traversons la rivière de la qas'bah de Salouan. Cette rivière şe nomme Oued Salouan. Nous couchons dans la tribu des Kibdana. »

La carte de Petermann place la qas'bah de Salouan sur le versant oriental de la chaîne de Garet qu'on traverse sans doute la 13ᵉ et la 14ᵉ journée.

Au temps d'El-Bekri (*Description de l'Afrique*, p. 208), les Kibdana (Kebdan) relevaient de la principauté de No-kour. D'après mes renseignements personnels, les populations habitant entre Nemours et Melilla sont de souche Kibdana ; on compte parmi eux les Icharouiden, les Lah'-dara qui habitent près de la mer, les Zekhanin et les Oulad-Molouïa sur les bords du fleuve de ce nom. J'ai recueilli à Mazouna un vocabulaire de leur dialecte.

(15ᵉ journée.) — « Le matin, nous traversons sur notre route de grands fourrés et nous passons la nuit près de la Molouïah qui est un fleuve considérable. »

(16ᵉ journée.) — « Le lendemain matin, nous la traver-sons et nous entrons dans le pays des Oulad Mans'our, cou-peurs de routes, nous couchons au milieu d'eux. »

D'après El Bekri, les Beni Mans'our, tribu berbère, possédaient sur le littoral la place imprenable de Taount, non loin de Nedromah (*Description de l'Afrique*, p. 187). La montagne où ils habitent est, selon Léon l'Africain, à 8 milles de la mer (*De Africæ descript.*, p. 429). Marmol les place au sud des Bot'ouïa (*Botaye*) et leur donne une force de 3,500 combattants : ils étaient connus de son temps pour leur esprit querelleur et la licence de leurs femmes (*L'A-frique*, t. II, p. 271).

(17ᵉ journée.) — « Le lendemain matin, nous traversons une rivière qu'on appelle El H'aïmar ; c'est la limite des pro-

vinces du Maghreb (Maroc) ; nous entrons dans le territoire
du gouvernement français (l'Algérie) qui commence à la
tribu appelée Amsirdah où nous passons la nuit. »

(18ᵉ journée.) — « Le matin, nous arrivons à Djemà-
Ghazàouàt (Nemours). »

« Telle est la route que nous connaissons et que nous
avons suivie. Ceci a été écrit le 8 de djoumada second de
l'an 1300 (de l'hégire), par Moh'ammed ben El'Arbi ben
'Ali el Mecherîí, né dans l'Eghris, habitant à Fas. »

CHAPITRE II.

GÉOGRAPHIE D'EL FEZARI.

Les deux chapitres suivants sont extraits d'un traité
intitulé *Dja'rafyah (Géographie)* et attribué par un manuscrit
à un certain El Fezâri, par un autre à Ez Zohri, par un
troisième à El Qomâri. Il est probable que l'auteur, quel
qu'il soit, remania, d'après ses voyages et ses observations
personnelles, l'ouvrage composé, suivant la préface, par
70 (?) savants pour le Khalife El Mamoun. Ce livre circu-
lait peut-être sous le nom d'El Fezâri (¹). La recension actuelle est de 548 (hég.), date donnée par un manuscrit qui
mentionne 100 ans et 6 mois auparavant la prise de Qaïrouân par les Arabes hilâliens. L'auteur nous dit ailleurs
qu'il visita l'Espagne en 532 et rencontra en 534 un pèle-
rin qui venait de l'Inde. Quant à son nom, on pourrait
adopter celui d'Abou 'Abd Allah Moh'ammed ben Abou
Bekr ez Zohri que porte le manuscrit de la Bibliothèque
nationale de Paris, le plus ancien de tous. Les sources citées par lui sont : Ibn el Djezzâr, *'Adjaïb el Ardh (les Merveilles de la terre)*, Ibn H'ayân, Ibn H'abib, Ibn el 'Odzri,

---

(¹) Si El Fezâri est réellement l'auteur de la première recension, il faut substituer
El Mans'our à El Mamoun. Mas'oudi (*Kitâb El tenbîh*) place en effet sous ce prince
la traduction de l'ouvrage géographique de Marin de Tyr ; de plus, il nomme El
Fezâri parmi les contemporains d'El Mans'our. (*Prairies d'or*, édit. Barbier de Meynard, t. VIII, p. 290.)

Ibn Choraïb, auteur du *Kitâb ech Châfi*. Presque tous ces ouvages sont perdus.

J'ai eu à ma disposition quatre manuscrits de la *Géographie* : celui de la Bibliothèque nationale de Paris, ancien fonds arabe n° 596 (D); de la bibliothèque d'Alger n° 401 (C); de la bibliothèque universitaire d'Alger, auparavant à Tunis (A); enfin, une copie que j'ai fait faire à Qaïrouân sur un manuscrit appartenant au cheïkh 'Addhoum mufti h'anéfite (B). Ces deux derniers textes paraissent dériver d'un original commun. Tous ces manuscrits présentent entre eux des divergences considérables : j'ai suivi de préférence celui de Paris (D) dont la copie est la plus ancienne (803 hég.), en le modifiant souvent à l'aide de C, dans les endroits assez fréquents où il est incorrect ou incomplet (¹).

Description de la sixième zone du monde habité, comprenant le Maghreb-El-Aqsa.

Sache que cette zone s'étend depuis les montagnes de Barqah et d'Aoutsân à l'Est (²), qui marquent l'extrémité de la province d'Égypte et le commencement de celle de Qaïrouân. Cette zone se divise en trois régions : la première va du Djebel Barqah aux montagnes des Boqiouah (³)

(¹) On trouvera dans notre *Mission scientifique en Tunisie*, Alger 1884, in-8°, p. 154 et suiv., des détails sur les divisions de cet ouvrage, et la traduction du 3ᵉ chapitre de la description du Maghreb (Sous el Aqsa) dont je donne ici les deux premiers. Le paragraphe relatif à la Sicile avait déjà été publié par M. Amari (*Bibliotheca arabo-sicula*, Leipzig, 1855, in-8°, p. 158), d'après le man. de Paris.

(²) D'après El Edrisi, le Djebel Nefousah se terminait au cap d'Aoutsân et les montagnes de ce nom étaient habitées par les tribus arabes de Haïb et étaient couvertes de térébinthes, de genévriers, de pins et de dattiers : on y récoltait d'excellent miel (*Description de l'Afrique et de l'Espagne*, édit. Dozy et de Goeje, p. 64 et 138 du texte).

(³) A et B remplacent le Djebel Boqioua par le Djebel-Nefousah. Le Djebel-Ouanchérich (Ouaransenis de nos cartes, que l'on a traduit, j'ignore sur quelle autorité, par « œil du monde ») s'étend entre Teniet-el-H'ad et Tiharet. Les Boqiouah sont, d'après Ibn Khaldoun (*Histoire des Berbères*, t. II, p. 123), une des trois branches des Bot'ioua, S'anh'adja de la première race : les Boqiouah de Thaza, les Beni Ourtagal (ou Ouriaghen) d'El Mezemma (Alhucemas) et les Oulad Mah'alli de Tafersit. Les Bot'ioua, après avoir été presque indépendants jusqu'aux Almohades, furent soumis par 'Abd el Moumen en 537 (1142-1143), puis passèrent sous la domina-

et de l'Ouancherich et elle est habitée par des tribus berbères telles que les S'enhadjah ([1]), les Berghouatah ([2]) et
les Zenatah ([3]). Dans le Sahel, on voit les villes de Tripoli (*M'rabolos*), de Sfax (*Sefaqes*), de Mahadia, de Sousse
(*Sousah*), de Tunis (*Tounes*), de Bougie (*Bedjâiah*) après
Bône [*Bounah*] ([4]), d'Alger (*Djezâïr-Beni-Mezghanna*). On
rencontre aussi les villes de Gabès [*Qâbes*] ([5]), Neft'a et

tion des Mérinides au temps de l'émir Othmân *Ad'erghal* (l'Aveugle) au commencement du vɪɪᵉ siècle de l'hégire (xɪɪɪᵉ siècle de notre ère).

Les Boqioua habitent aujourd'hui dans le Rif marocain, sur le bord de la mer,
près des Beni-Ït't'eft; en 1883, j'ai recueilli à Relizane un court vocabulaire du
dialecte Chelh'a parlé par les Izemmouren, une de leurs fractions.

Peut-être faut-il voir dans les Boqioua, plutôt que dans les Berghouata, comme
le pense M. de Slane (*Histoire des Berbères*, t. IV, p. 571), les Bakuatæ de Ptolémée
les Baquates de l'inscription de Ténès et les Bacuôtes de l'*Itinéraire*. Une de leurs
fractions habite encore le vieil Arzeu (S. Leu) qui porte en arabe le nom de Bo-
t'ioua, et le dialecte berbère s'y est maintenu jusqu'à nos jours.

([1]) Les S'enhadjah, dont le nom, d'après Ibn Khaldoun (*Histoire des Berbères*,
t. II, p. 2), devait se prononcer comme *Zanag* (conf. le nom des *Zénaga* des bords
du *Sénégal*), descendaient de Bernès, fils de Berr, ancêtre commun des Berbères,
bien qu'ils prétendissent se rattacher à H'imyar et aux plus anciens Arabes, ou,
suivant d'autres, à Mis'raïm, fils de Cham. Leur tribu se partageait en 70 branches.
Les S'enhadjah de la première race occupaient le pays entre Msilah, Alger et
Médéah : c'est d'eux que sortit la dynastie des Zirites qui régna en Algérie et en
Tunisie de 362 hég. (973 J.-C.) à 552 hég. (1157 J.-C.); et à Grenade de 391 hég.
(1001 J.-C.) à 483 hég. (1090 J.-C.). Les S'enhadjah de la seconde race, ou gens au
litham (voile), habitaient le désert au Sud du Maghreb et au Nord du Sénégal et du
Soudan; ils fondèrent la dynastie des Almoravides qui régna sur l'Afrique du Nord
et l'Espagne, des bords du Niger à ceux de l'Ebre, de 445 hég. (1053-1054) à 551 hég.
(1156 J.-C.); enfin les S'enhadjah de la 3ᵉ race forment la majeure partie des habitants du Maroc (conf. Ibn Khaldoun, *Histoire des Berbères*, t. II, p. 1-26, 59-105,
121-124 ; Ibn Abi Zera'a, *Roudh el K'art'as*, trad. Beaumier, p. 162-242).

([2]) Les Berghouatah, tribu mas'moudah, descendaient, comme les S'enhadjah de
Bernès, fils de Berr: ils habitaient dans l'Ouest du Maroc, le pays compris entre
Azemmour, Salé et Asfi. Ils fondèrent, au ɪɪᵉ siècle de l'hégire, à Nokour, un État
indépendant, et l'un d'eux, S'alih', se faisant passer pour prophète, composa en berbère un Qorân pour ses fidèles. Ils furent anéantis par les Almoravides au vᵉ siècle
de l'hégire, xɪᵉ siècle de J.-C. (conf. El Ya'qoubi, *Descriptio AlMagribi*, éd. de Goeje,
Leyde, 1860, in-8º, p. 119-122 ; Ibn Khaldoun, *Histoire des Berbères*, t. II, p. 125-133 ;
El Bekri, *Description de l'Afrique*, p. 300-315 ; Ibn Adhari, *Histoire de l'Afrique et
de l'Espagne*, t. I, p. 41).

([3]) Les Zenatah, dont le nom paraît être Jénata (conf. Ibn Khaldoun, *Histoire
des Berbères*, t. III, p. 190), étaient issus de Madghis, fils de Berr, et occupaient
les contrées entre Tripoli et la Molouïa, c'est-à-dire les hauts plateaux algé-
riens et le Nord du Sahara. Leurs tribus, très nombreuses, jouèrent un rôle important dans l'histoire de l'Afrique septentrionale ; les Beni Ifren et les Beni' Abd el
Oued régnèrent à Tlemcen ; quelques branches des Maghraoua dominèrent à Fas et
à Tripoli ; les Oulad Mendil à Alger et sur le Chélif ; les Mérinides possédèrent le
Maroc jusqu'à la fin du xvɪᵉ siècle, date de l'avènement des Chérifs (conf. Ibn-Khaldoun, *Histoire des Berbères*, t. III, p. 180-492 ; et t. IV, p. 1-488; Ibn Abi Zera'a,
Roudh-El-K'art'as, trad. Beaumier, p. 139-157, 396-572 ; Et-Tenessi, *Histoire des
Beni-Zeiyan*, trad. Bargès).

([4]) A ajoute Carthage (*Qart'adjennah*) et ne mentionne pas Bône.

([5]) D porte par erreur Fas : C ajoute Gafsa (Qafsa).

Touzer la Verte. Ce pays est connu sous le nom d'*Iles des Dattes*, à cause du nombre des palmiers et de la qualité de leurs fruits. Les espèces en sont innombrables pour le goût et la couleur (¹). Les céréales y sont rares à cause des Arabes (nomades). A l'ouest de la province, on trouve les villes de Milianah, le pays des Zouaouah (²), Constantine (*Qos'antinah*), Qala'ah des Beni H'ammad, Brechk et Bizerte [*Benzert*] (³). Cette ville est des plus agréables et des plus prospères: elle est divisée par un canal qui vient de la mer et la sépare en trois parties. On y voit un lac merveilleux; c'est une des choses du monde les plus étranges. Il est composé de deux étangs: le premier se nomme Tinidjah (⁴), le second El Mazouqah. El Mazouqah était autrefois une grande ville; on sait seulement qu'elle fut bâtie par un tyran du temps des Grecs. Un roi de ces derniers lui demanda sa fille en mariage, il éprouva un refus. Alors il creusa un canal partant de la mer, le coula en plomb (?), c'est lui qui sépare Tabrah (?), jusqu'à ce qu'il l'amena près de la ville. Il laissa l'eau se répandre et les habitants furent submergés. Le premier étang est salé. L'eau du second est douce. A partir du commencement du mois, le premier se déverse dans l'autre pendant trente jours; le mois suivant, c'est le lac d'eau douce qui s'écoule dans le

---

(¹) B et C comptent dix espèces. El-Bekri (*Description de l'Afrique*, p. 126-127) mentionne également les nombreuses variétés de dattes que produisait Biskra, surnommée pour cette raison *En Nakhil* (Biskra des dattiers). De nos jours encore, les pays de Kefta et Tozer (Djerid tunisien) produisent les dattes les plus renommées, surtout l'espèce connue sous le nom de *deglat en nour* (rayon de lumière).

(²) Telle est la leçon d'A et de B. C donne *Zoualah* (?); D, *Zaoulah* (?).

(³) Ce qui se rapporte à Bizerte manque dans B, qui le remplace par une description de Carthage que ne renferme pas D, et que A et C rejettent à la fin du chapitre. « Dans cette région se trouve Carthage, cité considérable, bâtie par Idris le Grec, « qui gouvernait l'Ifriqyah. Elle était immense et renfermait des statues de marbre blanc, représentant des hommes ainsi que des images d'animaux. Aujourd'hui « elle est déserte et en ruines. » C donne *Iouzah* ou *Bouzah*, corruption graphique de Benzert (*Bizerte*).

(⁴) J'ai rétabli, au lieu de Maudjah, Tinidjah d'après El Edrisi (*Description de l'Afrique et de l'Espagne*, éd. Dozy et de Gœje, p. 115 du texte). Le manuscrit D raconte seul cette légende analogue à une autre que j'ai recueillie chez les Beni-Menacer des environs de Cherchel. Peut-être faut-il voir dans cette tradition un souvenir confus de l'histoire de Sophonisbe, la fille d'Asdrubal, et ses deux prétendants Massinissa et Syphax.

premier, sans que l'eau de celui-ci change de goût([1]). Pendant l'année, les poissons sortent en masse du canal vers la mer, pressés les uns contre les autres, puis ils reviennent vers la ville et l'on en prend des quantités innombrables ([2]). Dans le voisinage de Bizerte, du côté de Tabrah, se trouve la mosquée d'El Khans'i (?) Abou'l'Abbâs Ah'med, sur qui soit le salut. Elle est sur le bord de la mer, dominée par des tours élevées construites par Alexandre (Iskender), fils de Philippe : de là à Tunis on compte dix parasanges ([3]). Tunis est une ville admirable, renfermant une mosquée vénérée appelée mosquée de l'Olivier (*Djami'z Zeïtoun*). C'est un édifice considérable renfermant 500 colonnes de marbre blanc ([4]). En face du nih'râb est

---

([1]) J'ai suivi ici la leçon de C, plus développée et plus intelligible que celle de D.

([2]) Les mêmes renseignements sur les lacs situés près de Bizerte et l'abondance des poissons qu'on y pêche sont donnés par Ibn H'aouqal (*Description de l'Afrique* trad. de Slane, p. 20), El Bekri (*Description de l'Afrique*, p. 140); El Edrisi (*Description de l'Afrique et de l'Espagne*, p. 115 du texte) et la géographie anonyme du vi⁰ siècle de l'hégire (*Description de l'Afrique*, p. 15-16). C ajoute les détails suivants qui manquent dans D : « Entre autres particularités curieuses de ce lac, on cite « celle-ci : lorsqu'arrive le premier jour d'un mois, il y entre, en venant de la mer, « une certaine espèce de poisson qu'on y trouve jusqu'à la fin du mois, sans qu'il « s'en mêle d'aucune autre sorte : le mois suivant, il vient une nouvelle espèce qui « ne ressemble pas à la précédente, et ainsi de suite jusqu'à la fin de l'année : « chaque mois, l'on en voit une variété différente ; à leur arrivée, les poissons sont « gras et exquis. L'année suivante, la première espèce reparaît. On prétend que ce « fait est dû à un talisman placé là exprès ; d'autres disent que c'est par l'ordre du « Dieu très haut dont le pouvoir s'étend sur toute chose. Une autre merveille de « ce lac, c'est qu'on y pêche avec un appeau. Lorsqu'une espèce sort à son époque « habituelle, les pêcheurs prennent ce qu'ils appellent la femelle de ce poisson, l'as- « sujettissent avec de hameçons et du fil et la jettent dans la mer. Les mâles se ras- « semblent autour d'elle, le pêcheur lance son filet et en ramène des quantités con- « sidérables. On tire également de ce pays des peaux de *fenek* plus belles que celles « du Yémen, des articles de Qaïrouân, tels que les toiles de lin, les vêtements « rouges, les tissus de Mahadia, les étoffes de laine de première qualité, des moulins « à bras solidement faits. Il existe aussi dans cette région un canton qui produit « l'arsenic qu'on exporte en Espagne et dans le Maghreb. » Le passage qui suit, jusqu'à la description de Carthage, manque dans C.

([3]) Je ne saurais dire de quel monument il s'agit ici : la formule « sur qui soit le salut » ne s'appliquant qu'à un prophète. Une tradition d'Anas ben Mâlek et de Zeïd ben Thabet, citée par El Bekri (*Description de l'Afrique*, p. 193), nomme Qaïrouân El Maqdounyah (la Macédonienne), et des traditions prétendent qu'Alexandre poussa jusqu'aux colonnes d'Hercule et au delà (conf. El Edrisi, *Description de l'Afrique et de l'Espagne*, p. 53-54 du texte). Une légende berbère qui m'a été contée à Cherchel fait même détruire cette ville par le roi El-Qornin (Iskender Dzou'l-Qarneïn, Alexandre aux deux cornes).

([4]) La mosquée de l'Olivier existe encore à Tunis, au centre de la ville, près du Marché des parfumeurs (*Souq el'At'r'ârin*), dans lequel donne son entrée principale. Suivant El-Bekri (*Description de l'Afrique*, p. 90), Ibn Khaldoun (*Histoire de l'Afrique*, éd. Desvergers, p. 1) et En Noueïri (ap. de Slane, *Histoire des Berbères d'Ibn Khaldoun*, t. 1, p. 399), elle fut bâtie par 'Obeïd Allah ben El H'abh'ab qui gouverna l'Ifriqyah de 116 à 123 de l'hégire (734-741 J.-C.). Elle fut reconstruite par le prince aghlabite Ziadet Allah ben El Aghlab et renferme deux bibliothèques considérables. (Conf. Houdas et René Basset, *Mission scientifique en Tunisie*, p. 45-77.)

une colonne de marbre veiné dont le chapiteau est recouvert d'or. A l'Est de la mosquée, on voit un grand réservoir de marbre blanc avec trois canaux (?) de marbre veiné, qui y amènent l'eau de pluie. Ce bassin, à l'Est de la mosquée et pavé de marbre blanc, a quinze coudées : il domine le terrain environnant et le marché (des parfumeurs). Au-dessous, il existe un canal d'un admirable travail, reposant sur sept arches : deux d'entre elles sont creusées dans le marbre et surmontées d'un lion de cuivre qui lance de l'eau depuis le lever jusqu'au coucher du soleil [1]. C'est là que les gens viennent se désaltérer. Les cinq autres ont également une ouverture représentant un lion en cuivre, dont la gueule lance de l'eau sur les mains de ceux qui s'en approchent. Cette eau est abondante et l'on peut en boire tant que la gueule du lion s'élève ; quand elle s'abaisse, le liquide disparaît et l'on n'en voit plus du tout. Ce manège se renouvelle sans interruption. On exporte de Tunis des objets dans tous les pays du monde, surtout des vêtements de lin aussi beaux que ceux de soie. Auprès de cette ville est celle d'El Mo'allaqah, aujourd'hui en ruines et de construction ancienne [2]. Elle renferme d'admirables édifices qui montrent que le peuple qui l'a bâtie ne nous ressemblait pas, mais nous surpassait par la grandeur de son esprit et l'étendue de sa puissance. On y voit des pierres carrées de trente empans, et s'élevant en l'air (par piles), égalant vingt fois la taille d'un homme. Le poids de chaque bloc est de cinquante ou cent qant'ars [3].

---

[1] Il s'agit peut-être ici de fontaines figurées par la gueule d'un lion d'airain. Toutefois ce passage, donné par un seul manuscrit, me paraît altéré.

[2] El Bekri (*Description de l'Afrique*, p. 106) dit que la Mo'allaqah était un château d'une grandeur énorme, composé de voûtes en plein cintre, à plusieurs étages. D'après El Edrisi (*Description de l'Afrique et de l'Espagne*, p. 112 du texte), c'était la seule partie de Carthage encore habitée de son temps. Elle était occupée par des Arabes de la tribu des Benou Zyad.

[3] La phrase suivante, dont le sens s'applique à Carthage, a été rapportée à tort à Qaïrouân par A qui la donne ainsi que C : « La destruction de cette ville date du temps de 'Abd-el-Mélik ben Merouan, lorsque les Musulmans firent des incursions de Sicile (*S'iqilyah*?) et emportèrent ses dépouilles jusqu'à Damas. » On trouvera plus loin, dans la traduction du géographe anonyme, des détails sur la prise de Carthage par les Arabes.

De là à Qaïrouân on compte trente parasanges (¹). C'est cette ville qui réunit l'excellence du climat à tous les avantages : elle est la plus glorieuse et la première de celles qui furent bâties sur la terre(²). [Elle fut ruinée, il y a cent ans et six mois(³).] C'est un des endroits du monde les plus agréables pour la nourriture, les fruits et les céréales. Elle égale Baghdâd et possède, comme Bas'rah, des savants, des juris-

---

(¹) Cette description de Qaïrouân est empruntée aux manuscrits A, B et C. Les passages entre crochets sont donnés seulement par C. D se contente de dire que cette ville est très considérable, qu'elle fut ruinée, puis rebâtie, et ajoute qu'il en abrège la description.

(²) Bien d'autres villes chez les Musulmans revendiquent le même honneur, entre autres Tanger, La Mekke, Harran, etc.

(³) Ce renseignement nous fournit la date de la recension du manuscrit C : elle est de 548 ou 549 de l'hégire. En effet, la ruine de Qaïrouân arriva en l'an 448 de l'hégire sous le règne d'Abou Temim El Mo'ezz ben Badis, 4ᵉ prince de la dynastie Zirite ou S'anhadja qui gouverna l'Ifriqyah après l'établissement des Fatimites en Égypte. Ce prince succéda à son père Badis ben El Mans'our le 3 de dzou'lh'iddjah 406 (1016 J.-C.) à l'âge de huit ans et sept mois. Le khalife fatimite d'Égypte, son suzerain, El H'akim Biamrillah lui donna avec l'investiture le titre de *Cheref Eddaoulah* (honneur de l'empire). Néaumoins le prince Zirite se montra hostile aux partisans des Alides ; les Chiites furent persécutés et quelques-uns massacrés à Qaïrouân, de l'aveu d'El Mo'ezz qui jeta le masque en 437 suivant Ibn Khaldoun, en 440 d'après Ibn Abi-Dinar. Le nom des Fatimites fut supprimé de la prière publique et remplacé par celui du Khalife abbasside de Baghdad, El Qâïm Biamrillah. Cet événement amena la ruine du Maghreb et la seconde invasion arabe de laquelle descendent presque toutes les tribus arabes établies aujourd'hui en Algérie, en Tunisie et au Maroc. Sur les conseils de son ministre El Yazouri, le khalife fatimite lança contre son vassal rebelle les tribus hilaliennes des Djochem, Athbadj, Zoghbah, Riah', Rabi'ah et Adi, cantonnées dans le Sa'ïd qu'elles troublaient de leurs querelles (441). Elles trouvèrent des alliés dans les Berbères Ketamah, toujours partisans des Fatimites. En vain El Mo'ezz chercha à arrêter et à diviser les envahisseurs en épousant la fille du chef des Riah, Mounès ben Yah'ya, il fut vaincu malgré l'appui de son cousin El Qaïd ben H'ammâd, seigneur de la Qala'ah des Beni H'ammâd, et le secours des Berbères Zenatah et S'anhadjah (445). Le souvenir de ces guerres s'est conservé dans les traditions populaires du Gharb, d'où l'on a tiré le roman interminable des aventures d'Abou Zeïd, personnification des Arabes envahisseurs contre Khalifah Zenati, qui représente le Zeïrite et ses alliés. El Mo'ezz s'enfuit à Qaïrouân qui fut bientôt bloquée par les Zoghbah et les Riah'. Le prince parvint à s'en échapper, grâce à son beau-père Mounès, mais il dut marier trois de ses filles à des chefs arabes. Il se rendit à Mahadia, puis, laissant son fils Témim gouverneur de cette place, à Tunis, où il mourut en 454 (1062 J.-C.). Abandonnée par ses habitants qui suivirent leur souverain, Qaïrouân tomba au pouvoir des Arabes qui la ravagèrent de fond en comble (449 hég.). Conf. Ibn Khaldoun, *Histoire des Berbères*, t. I, p. 29-87 ; t. II, p. 18-22 ; Ibn Adhari, *Histoire de l'Afrique et de l'Espagne*, t. I, p. 278-308, où la ruine de Qaïrouân est racontée avec les plus grands détails. Ibn Abi dinar El Qaïrouâni, *Histoire de l'Ifriqyah*, texte arabe, éd. de Tunis, 1282 hég., p. 80-84 ; Mercier, *Histoire de l'établissement des Arabes dans l'Afrique septentrionale*, Constantine, 1876, in-8°, p. 127-129, 149-156). L'inscription que ce prince fit sculpter sur bois dans la grande mosquée de Qaïrouân a été relevée et publiée dans notre *Mission scientifique en Tunisie*, 1ʳᵉ partie, p. 18-21 et planche VI.

consultes, des poètes et des gens de lettres ([1]). Elle fut
détruite par les Arabes qu'on envoya au temps de Yézid
ben 'Abd el Mélik ben Merouân (?). Lorsque le khalifat
passa des Omayades aux Abbassides, issus de 'Abd el Mot'-
t'aleb (l'aïeul du prophète), et que les princes se disputè-
rent l'autorité, les Arabes nomades fondirent sur l'Ifriqyah
et la ruinèrent (xiiᵉ siècle de notre ère); il ne subsista que
ce qui était sur le rivage de la mer. Qaïrouân resta abandonnée pendant de longues années. L'ordre une fois rétabli, on en rebâtit une faible partie. Lors de la domination des Almohades, le khalife Abou Moh'ammed' Abd
el Moumen ([2]) s'empara de l'Ifriqyah dont une partie était

([1]) Plusieurs ouvrages ont été consacrés à énumérer les personnages célèbres qui
ont vécu à Q.ïrouân ; ainsi, une partie du *Kheridat el Qas'r ana djeridat el 'as'r*
(la perle du château ou le rameau du siècle), de 'Imâd Eddin El Is'fahani (Dozy,
Catalogus Codicum bibl. Acad. Lugd. Batav., t. II, nᵒ 881, p. 274 et suivantes); les
histoires de Qaïrouân, aujourd'hui perdues (*Tarikh El Qaïrouân*), d'Ibn-Ziâdet
Allah Et T'obni et d'Abou Moh'ammed ben 'Atif citées par El Marrekochi; le
Me'âlim El Imân (les signaux de la foi) d'Abou Zeïd Ed Debbâgh; l'*Ons En Nossak*
(l'intimité des dévots) d'Abou Ish'aq El 'Aouani; le *Riadh En Nofous* (parterre des
âmes) de 'Abd Allah El Mâleki (Biblioth. nationale de Paris, fonds arabe, ancien
fonds nᵒ 752), enfin, le Me'alim El Imân d'Ibn En Nadji (man. arabe de la bibliothèque universitaire d'Alger). Conf. la table et l'extrait de ce dernier ouvrage dans
notre *Mission scientifique en Tunisie*, 2ᵉ partie, p. 78-143.

([2]) 'Abd el Moumen, le premier souverain de la dynastie almohade était originaire
de la tribu des Koumiah qui habitait en Algérie entre Archgoul (Rachgoun) et Tlemcen. Il étudia la théologie dans cette dernière ville et fut envoyé par ses condisci-
ples pour amener le réformateur Ibn Toumert, qui était alors à Bougie, de retour
d'un voyage en Orient. Il l'accompagna ensuite dans le Maghreb et devint son lieu-
tenant le plus actif lorsque Ibn Toumert, prenant le titre de Mahdi, souleva ses
compatriotes les Mas'moudah du Sous contre la domination almoravide. En mou-
rant (522 hég. 1128 J.-C.), il désigna pour son successeur 'Abd el Moumen; celui-ci
jouit d'un pouvoir incontesté après avoir épousé la fille du cheïkh des Hintatah,
Abou H'afs', le plus puissant des nouveaux sectaires qui se donnaient le nom d'Almohades (*Al Mouahh'idoun*, les unitaires). Il soumit le Maroc méridional jusque
l'Oued Dra'a, mit en fuite sans livrer bataille, Tachfin, fils du sultan almoravide
'Ali ben Yousef (538 hég., 1138-1139 de J.-C.) et consacra sept ans à soumettre les populations qui habitent les montagnes du Maghreb el Aqsa. Après un échec devant
Ceuta, il marcha contre les Almoravides qui tenaient encore dans la province d'Oran
actuelle : ralliant autour de lui de nombreuses tribus qui faisaient leur soumission,
il réussit à bloquer dans un fort auprès d'Oran Tachfin, qui avait succédé depuis
peu à son père 'Ali. Le jeune prince roula dans un précipice en cherchant à s'é-
chapper (27 ramadhân 539 — mars 1145). Oran et Tlemcen soumises, 'Abd el Moumen revint dans le Maghreb pour anéantir les restes des armées almoravides com-
mandées par Yah'yaes Sah'raouï et Ish'aq : Fas, Méquinés, Ceuta et Maroc se
rendirent ou furent prises de force ou par trahison; un imposteur, nommé Moh'ammed ben 'Abdallah, avait soulevé les habitants de Sidjilmasa et du Dra'a et rassemblé
une armée de 60,000 hommes; il fut vaincu et tué par le cheïkh Abou H'afs' 'Omar
(541 hég., 1147 J.-C.). Un échec éprouvé par les Almohades dans une campagne
contre les Berghouatah amena la révolte d'une partie de la contrée: elle fut réprimée

tombée au pouvoir des chrétiens. Il la leur enleva et aujourd'hui, grâce à Dieu, elle est repeuplée. Au Sud de la province de Qaïrouân se trouve la ville de Ouargla (*Ouarglân*): au Nord, la mer ; à l'Est les montagnes de Barqah, à l'Ouest le Djebel Nefousah et le Djebel Ouancheris. Dieu est le plus savant.

Description de la région de la 6ᵉ zone ([1]).

Sache que les limites de cette région sont le rivage de la mer ; à l'Est, les montagnes de l'Ouancheris ; à l'Ouest le cap appelé Ichbertil ([2]) qui s'enfonce dans la grande mer (l'Océan Atlantique). Parmi les villes du Sahel, on trouve Ténès, Oran (*Ouahrân*), Melilla ([3]), Khis'as' Takrour, qui fut, dit-on, bâtie par les géants ; El Mezemmah ([4]),

---

par 'Abd el Moumen en personne (542 hég., 1117-1148 J.-C.). Il envoya des troupes faire reconnaître son autorité en Espagne : Xérès, Séville, Algésiras furent emportées d'assaut et leurs garnisons almoravides massacrées, pendant qu'au Nord, les Castillans, profitant des guerres civiles des musulmans, prenaient Lisbonne et Lérida et menaçaient Cordoue et Jaen. Les Almohades purent seuls arrêter les progrès d'Alfonse II. Libre de ce côté, le khalife partit pour l'Ifriqyah (546 hég., 1152 J.-C.), alors le théâtre des luttes entre les Arabes et les Berbères, luttes qui permirent aux Normands de Sicile de se rendre maîtres de la plupart des villes du littoral de la Tunisie. 'Abd el Moumen soumit le Maghreb central (province d'Alger) et, maître de Bougie, de Constantine et de Qala'ah, il vainquit près de Sétif les Arabes qui cherchaient à l'arrêter. De retour dans le Maghreb, il reçut la soumission de Grenade et repartit bientôt pour l'Ifriqyah (553 hég., 1158 (J.-C.) où le rappelaient les progrès des Siciliens : il leur reprit Mahadia, Sfax, Gabès, Tripoli et soumit tout le pays à son autorité (555 hég.). Peu après, les affaires d'Espagne attirèrent de nouveau son attention ; il fit construire Gibraltar et envoya une armée contre les chrétiens qui furent mis en déroute ainsi qu'un chef de partisans almoravides, Ibn Merdanich, qui menaçait Grenade. Ce fut le dernier succès de 'Abd el Moumen : il mourut en djoumada second 558 hég. (mai-juin 1163) et fut enterré à Tinmelelt, sa capitale (Conf. Ibn Khaldoun, *Hist. des Berbères*, p. 251-255 ; t. II, p. 173-196 ; 'Abd el Wahid el Marrekoshi, *The history of the Almohades*, éd. Dozy, p. 139-168 ; Ibn Abi Zera'a, *Roudh el Qart'as*, tr. Beaumier, p. 260-290 ; Ibn el Athir, ap. de Slane, *Hist. des Berbères*, d'Ibn Khaldoun, t. II, p. 576-593).

([1]) Les limites de la deuxième région manquent dans D, mais sont données par A, B et C : c'est pourquoi je les rétablis dans la traduction.

([2]) A, Achirtal ; B, Achbertal : c'est de ce nom que les Européens ont tiré celui de Spartel, qui désigne le cap à l'Ouest de Tanger, marquant la séparation de la Méditerranée et de l'Océan Atlantique.

([3]) C ajoute H'oneïn ; D porte par erreur Milianah pour Mélilla.

([4]) Ces trois dernières villes manquent dans A et B. Takrour n'existait plus au temps d'El Fezâri : elle avait été détruite par l'Almoravide Yousof ben Tachfin en 473 (1080 J.-C.) et n'avait pas été relevée depuis (*Roudh el Qart'as*, p. 201). El Mezemmah est le nom arabe de la ville que nos cartes appellent Alhucemas, un des présides espagnols de la côte marocaine.

Badis, Targhah, Ceuta (*Sibtah*), Qas'r Mas'moudah ([1]), Tanger (*Tandjah*). Ibn el Djezzâr, dans son livre des *Merveilles des pays* ([2]), dit qu'après La Mekke, Tanger est la plus ancienne ville du monde. En parlant des cités du Sous occidental, il ajoute dans son ouvrage que Tiharet (*Tahert*), qui est une grande ville, fut construite par les Amalécites ['*Amaliqah*] ([3]). Il y existe des tombeaux d'où l'on a tiré de notre temps des tibias humains longs comme un roseau de six empans, non compris les articulations aux deux extrémités ([4]), de même des têtes humaines avec des molaires dont quelques-unes ont plus de trois empans, une longueur proportionnée et pèsent trois *rot'ls* [livres] ([5]). On trouve encore dans cette région la ville de Tlemcen

_____

([1]) D'après El Bekri (*Description de l'Afrique*, p. 210), le Qas'r Mas'moudah, bâti sur le territoire de cette tribu, fut détruit par la dynastie édrisite des Beni Moh'ammed, en 302 hég. (914-915 J.-C.) et, reconstruit par le khalife omayade d'Espagne 'Abd er Rah'mân En Nas'er, il fut de nouveau abattu par les Berbères en 340 (951-952 de J.-C.). Il paraît avoir été reconstruit une seconde fois, car le géographe anonyme du VIᵉ siècle et El Edrisi le mentionnent.

([2]) Abou Dja'far Ah'med ben Ibrahim, plus connu sous le nom d'Ibn el Djezzâr, naquit à Qaïrouân au commencement du Xᵉ siècle de notre ère et mourut en 1009 d'après Hâdji Khalfa et en 961 suivant Edz Dzehebi, à l'âge de plus de 80 ans. Il acquit un renom considérable dans la médecine, mais son amour de l'indépendance le détourna de se faire attacher à la personne d'un prince du Maghreb. Son ouvrage le plus célèbre est le *Zâd el Mosâfir* (Provision du voyageur), traduit en latin par Constantin sous le titre de *Viaticum*, et en grec sous celui d'*Ephodos*. Un autre ouvrage de lui, malheureusement perdu, est l'histoire de l'apparition du Mahdi dans le Maghreb (commencement de l'empire fat'imite). Les *Merveilles des pays*, citées ici, ne sont pas mentionnées dans la longue liste que M. Leclerc a donnée des productions d'Ibn El Djezzâr (*Histoire de la médecine arabe*, 2ᵉ édition, Paris 1876, 2 vol. in-8°, t. I, p. 413). Le nom de l'auteur manque dans D. C donne seulement le titre de l'ouvrage.

([3]) Les 'Amaliqa (Amalécites), comme les 'Adites, désignent pour les Arabes, des populations de géants aujourd'hui disparues et auxquelles ils attribuent la construction d'édifices cyclopéens. Tiharet, d'après El Bekri (*Description de l'Afrique*, p. 159), fut fondée par les Berkadjennah. Conf. la dissertation de M. de Goeje (*Descriptio Al Maghrebi*, p. 100 et suiv.) où il établit que la Tiharet nouvelle, celle des Rostémides, est la Tagdemt d'aujourd'hui et que Tehert l'ancienne correspond à notre Tiharet dont j'ai donné ailleurs une courte description (*Bulletin de la Société de géographie de l'Est*, 1884, 4ᵉ fascicule, *Mission scientifique en Algérie et au Maroc*, p. 565).

([4]) D donne 7 empans de longueur à chacun des tibias; C en donne 8.

([5]) Le poids des dents manque dans C; D leur attribue 6 rot'l. J'ai suivi la leçon de A et de B. Ces derniers ajoutent: « Tiharet est aujourd'hui ruinée ». Cette phrase ne peut être qu'une interpolation d'un des copistes postérieurs; la ruine définitive de Tiharet la neuve, par Ibn Ghaniah, le dernier Almoravide, arriva en l'an 581 de l'hégire (1185 de J.-C.), date postérieure aux rédactions que nous avons sous les yeux. Conf. mes *Notes de lexicographie berbère*, Paris, I. N., 1883, in-8°, p. 25. C ajoute à l'énumération la ville de Tâzah.

(*Tilimsân*): elle est grande et possède des sources nombreuses et des eaux excellentes; elle est la capitale d'un royaume ([1]). On y fabrique toutes sortes de beaux tissus en laine, des étoffes douces comme de la soie, des *abdar* (?), des *ih'ram* de laine : on y trouve aussi des voiles pesant neuf oques ; c'est encore de là qu'on tire les tapis pour les selles des chevaux dans le Maghreb et l'Espagne ; le froid y est vif : il y neige en hiver; les céréales, les grains et les fruits y abondent ([2]). Les habitants ont un excellent renom ([3]) ; ils sont intelligents et lettrés.

Dans le voisinage est la ville d'Oudjdah et un *ribat'* florissant appelé Taza ([4]); on y trouve en abondance les pâturages, les céréales et les fruits. Ensuite vient la ville admirable de Fas ([5]) qui possède de nombreux champs, des

---

([1]) Tlemcen avait perdu son indépendance depuis la chute des émirs Maghraouah qui y régnaient (472 hég.), et qui furent détrônés par les Almoravides. Cette ville, après avoir été détruite par 'Abd el Moumen, fondateur de la dynastie almohade, fut rebâtie par ce prince qui lui donna pour gouverneur son fils Abou Hafs'. Il avait sous son autorité, outre Tlemcen, les tribus des Beni' Abd El Ouad, des Beni-Toudjin et des Beni Rached, c'est-à-dire la presque totalité du département actuel d'Oran (Ibn Khaldoun, *Histoire des Berbères*, t. III, p. 332-338). C'est ce qui fait dire à notre auteur que Tlemcen est la capitale d'un royaume.

([2]) De nos jours encore, les *frachias* (couvertures) de Tlemcen, blanches, rayées de rouge et de bleu sont renommées en Algérie. Parmi les tissus, C mentionne les ceintures ornées pour les femmes, les haïks *(sefâsir)* et les couvertures rayées. Sur l'industrie et le commerce de cette ville au moyen âge, conf. Bargès, *Tlemcen*, Paris, 1859, in-8°, chap. IX, p. 209-221.

([3]) Au XVIe siècle, un proverbe, attribué à Sidi Ah'med ben Yousof, disait des Tlemcénois :

> Gens au langage fleuri,
> Sanglés comme l'étalon,
> Avares de bienfaits,
> Ce sont là les gens de Tlemcen.

([4]) La ville de Taza ou Thaza est située au milieu de la route entre Oudjdah et Fas. Sa fondation remonte à une date ancienne, car elle existait déjà lors de la fondation de l'empire édriside au Maroc, en 172 de l'hég. (788-789 J.-C.). Le premier souverain de cette dynastie, Idris ben 'Abdallah, trouva dans les environs de cette ville une mine d'or qui ne paraît pas avoir été exploitée (El Bekri, *Description de l'Afrique*, p. 268).

([5]) Le man. D ajoute à l'article des gens de Tlemcen une phrase qui se rapporte plutôt à ceux de Fas, comme dans A et B : « Les habitants sont affables et instruits parce qu'il y a parmi eux des gens venus de Qaïrouân. » Sur l'émigration des Qaïrouanites qui ont donné leur nom à un des quartiers de la ville (*Adouat el Qaroutn*, conf. Fournel, *les Berbers*, t. I, p. 465-466. El Edrisi fait également l'éloge des gens de Fas, mais ce sentiment n'était pas partagé par le qadhi de Tiharet, Ahmed ben el Fath' dont El Bekri a cité les vers suivants:

« Lance des ordures au nez des Fezzois des deux quartiers (Andalous et Qaïrouanites) ; n'en épargne pas un seul.

« Ce sont des gens repus d'ignominie au point de dire : Si l'on veut vivre dans l'aisance, il ne faut pas être généreux. »

L'abondance des juifs dans cette ville faisait dire aussi en manière de proverbe:
« Fas est une ville sans hommes. » (*Description de l'Afrique*, p. 262-266.)

vignes, des jardins et des parterres ([1]); une de ses principales curiosités est la perle qu'on trouve dans des coquil-
lages à l'Ouest de Fas. Au Nord, on rencontre Taoudi ([2])
et le château de 'Abd el Kérim; au Sud les montagnes
de Zerhoum et sa tribu (?); la ville de S'afaïrouni ([3]) dont
le climat et l'eau sont excellents et les fruits nombreux:
c'est de là qu'on apporte des noix à Fas. A l'Est, se trouvent les montagnes de 'Ayanah ([4]) d'où sort un très grand
fleuve appelé Ouadi Sebou. A l'Ouest de Fas est la ville de
Mekinès (*Miknas*) qui abonde en biens de toutes sortes; on
exporte de là des fruits sucrés (?)..... ([5]) Miknas est favo-
risée spécialement par Dieu; ses habitants sont comblés
de biens; on dirait qu'elle est située en Espagne. On voit
aussi dans cette région la ville de Sali (*Sala*), située sur
un grand fleuve appelé Ouadi'l-Qonaït et Ouadi Sala, de
son nom. Dans son voisinage est le port de Fedhâlah ([6]),

([1]) A et B disent que « Fas, la capitale du Maghreb, abonde en céréales et en pâturages, mais ne produit que peu de fruits ». Le texte de C développe ce renseignement et ajoute que les sources sont nombreuses. B et C mentionne l'Oued Sebou
qui partage la ville en deux moitiés. Les détails sur les perles sont donnés seulement par D.

([2]) C, Taoudi; D, Taoudou. A et B ne parlent pas du château de 'Abd el Kérim.
Ce château, habité par des Berbères Denhadja, était, d'après El Edrisi (p. 78), à
trois journées Ouest du pays des Miknasah, à deux jours de Sala, sur le fleuve de
Loukos.

([3]) Les renseignements sur S'afaïrouni manquent dans A, B et C.

([4]) A, Ghamata; C, Ghaïatha. Le Djebel 'Ayanah est mentionné par Rohlfs (*Reise
durch Marokko*, Bremen, 1884, in-8°, p. 44) au S.-E. de Fas; c'est aussi le nom d'une
province, car Groberg de Hemsö (*Specchio del imperio del Marocco*, Gênes, 1833, in-8°,
p. 25) dit que le fleuve Sebou a ses sources dans une forêt du mont Salelgo, dans la
province de 'Ayanah (*Ajana*).

([5]) Ce passage est corrompu dans le man. D qui donne seul ces détails sur Mekinès. El Edrisi est d'accord avec notre auteur relativement à la fertilité de ce
territoire (*Description de l'Afrique et de l'Espagne*, p. 76). Léon l'Africain (*De
Africæ descriptione*, t. I, p. 266) énumère parmi les fruits, les pommes, les grenades
les prunes de Damas et les prunes blanches, les jujubes, les figues, les raisins qu'on
ne pouvait manger que frais, les pêches, très abondantes, mais de médiocre qualité,
les oranges et les olives. C'est au grand nombre de ses oliviers que Mekinès doit
son surnom d'Ez Zeïtoun.

([6]) D. Fes'alah. J'ai rétabli Fedhâlah, que donne C, d'après El Bekri et El Edrisi.
Le premier (*Description de l'Afrique*, p. 202) dit que c'était une île servant de port
au Temsna, pays des Berghouatah. Le second (p. 73) le place à 12 milles au Sud de
Salé. Les vaisseaux venaient d'Espagne s'y approvisionner de céréales, de légumes
et de bestiaux. Ce petit port existe encore aujourd'hui. Les détails sur Fedhâlah et
sur Salé manquent dans A et B. C ne donne pas le nom de la rivière de Salé,
mais il dit que « cette ville est bâtie dans un endroit appelé Oued Ismir (*Asmir*
« d'Edrisi, *Sumir* de Marmol, aujourd'hui le Bou Begreg), connu aussi sous le nom
« de Qas'r des Beni Targhah. Là se trouve aujourd'hui la ville d'El Mahadia, bâtie
« par le khalife, l'émir des croyants, Abou Moh'ammed 'Abd el Moumen ben Ali.
« On rencontre dans cette mer les ports de Fedhâlah, Anfa (aujourd'hui Dar el
« Beïdha ou Casablanca) et Azemmour. » Sur Azemmour, Casablanca et Salé, conf.

puis la ville d'Arzilla et ensuite Anifa (¹), Azemmour, Asfi(²).
Non loin d'Azemmour se jette le fleuve appelé Omm er-
Rebi' dont le cours s'étend entre la ville de Salé et celle
de Maroc (Merakoch). Entre ce fleuve et Fas, on trouve la
Qalâ'ah d'Ibn Tâoulah : cette ville est tout entière construite en bois. L'Omm er Rebi' descend des montagnes
de Ouarklân. De ce côté est la ville de Maroc, construite
par Yousof ben Tachfin (³). Elle fut restaurée par l'émir
des croyants, le khalife 'Abd el Moumen ben 'Ali qui y
amena de l'eau, y planta des jardins, des parterres et des
vergers. Tout autour sont des oliviers qui fournissent de
l'huile qu'on envoie à Fas et dans les autres villes du Ma-

J. Leclercq, *De Mogador à Biskra*, Paris, 1881, in-12, p. 121-159; Cotte, *le Maroc
contemporain*, Paris, 1860, in-12, p. 21-84; Lempriere, *A tour to Marocco*, London,
1793, in-8°, p. 55-86.

(¹) D porte *Aubiqa* qu'il faut corriger en *Anifa* ou *Anfa*. Cette ville qu'El Edrisi
place à 40 milles de Fedhâla et à 65 milles de Mazaghan, était à cette époque un
port marchand très fréquenté. En 1468, sous la dynastie des Beni Merin, le roi de
Portugal, Alfonse V, envoya son frère, le prince D. Ferdinand, pour châtier les cor-
saires de cette ville. Anfa fut prise et détruite; sur ses ruines les Portugais bâtirent
Casablanca (en arabe Dar el Beïdha) qu'ils abandonnèrent en 1515. (Conf. Léon
l'Africain, *De Afr. descr.*, t. I, p. 213-215; Marmol, *l'Afrique*, t. II, p. 139-140;
Pellissier, *Mémoires historiques et géographiques sur l'Algérie*, Paris, 1844, in-4°,
p. 125-126; Godard, *Description et histoire du Maroc*, t. II, p. 402, 423-424).

(²) Une légende rapportée par El Edrisi (*Description de l'Afrique et de l'Espagne*,
p. 181 du texte) explique de la manière suivante l'origine du nom d'As'afi : Des
aventuriers arabes partirent de Lisbonne en se dirigeant vers l'Ouest pour explorer,
plusieurs siècles avant Christophe Colomb, l'Océan Atlantique. Après avoir erré
pendant deux mois au milieu de groupes d'îles inconnues, ils arrivèrent à un endroit
habité par des Berbères, sur la côte d'Afrique, et apprenant la distance où ils étaient
de leur patrie, ils s'écrièrent : *Oua asafi* (hélas!). Au xiiᵉ siècle de notre ère, une rue
de Lisbonne portait encore le nom de rue des *Almaghrourin* (les égarés). Sur ce
voyage, conf. Reinaud, *Géographie d'Abou'lféda*, t. I, Paris, 1848, in-4°, p. 264, et
d'Avezac, *Iles africaines de l'Océan Atlantique* (dans *l'Univers pittoresque*, Paris,
1848, in-8°, p.15 et suivantes), où il étudie les rapports des traditions musulmanes
avec la légende de S. Brandan.

(³) Yousof ben Tachfin, de la tribu Berbère des Lamtouna, famille des S'enhadja,
naquit en l'an 400 hég. (1006 de J.-C.) dans le Sahara occidental. Sa tribu, convertie
depuis un siècle à peine à l'islamisme, avait été rappelée à une observation exacte
de cette religion par un missionnaire, 'Abd Allah ben Yasin, qui s'était fixé dans une
île des bords du Sénégal. Elle prit pour chef ce marabout et soumit bientôt une
partie du Soudan occidental et du Sahara jusque dans la province de Sous. Un des
successeurs d'Ibn Yasin, Abou Bekr, confia à son cousin Yousof ben Tachfin le soin
de combattre les princes du Maghreb, tandis que lui-même réprimerait les dissensions
de quelques tribus du Sud (451 hég., 1059 J.-C.). A son retour, il trouva que Yousof,
qui avait épousé sa femme divorcée, s'était rendu presque indépendant. Pour ne
pas exciter une guerre civile entre les S'enhadjah, il lui abandonna le pouvoir et retourna dans le Soudan faire la guerre aux idolâtres; il y fut tué d'un coup de flèche
Resté seul maître, Yousof fonda la ville de Maroc (454 hég., 1062 J.-C.), vainquit les

ghreb; elle produit aussi du cuivre et du sucre (¹). La montagne de Deren (l'Atlas) s'élève dans son voisinage : on y voit une ville bâtie par l'imâm El Mahdi(²). Cette chaîne

Maghraouah et les Beni Ifren, tribus Zenatah qui dominaient dans le Maghreb s'empara de Fas (455 hég., 1063 J.-C.), qui, perdue par un de ses lieutenants, fut reprise et saccagée (462 hég., 1069 J.-C.). Le pays fut soumis ainsi que le royaume de Tlemcem et tout le Maghreb central jusqu'Alger (474 hég.,1081 J.-C.). Aussitôt après s'être rendu maître de Ceuta (476 hég., 1083 J.-C.), Yousof songea à répondre à El Moh'ammed, roi de Séville, qui implorait son secours au nom des princes musulmans d'Espagne, contre Alfonse VI de Castille et le Cid Campeador, D. Rodrigue de Bivar. Le premier venait de pousser une pointe jusqu'à Tarif et s'était emparé de Tolède : les brigandages du second désolaient l'Espagne. Yousof ben Tachfin fut vainqueur des chrétiens à Zallaca (479 hég., 1086 J.-C.) malgré la perfidie du roi de Castille, puis retourna au Maghreb, laissant dans la péninsule un parti puissant, composé sur tout des qadhis et des faqihs (jurisconsultes) dont le pouvoir était très grand sur les basses classes. La guerre recommença avec Alfonse en 481 (1088) : le prince almoravide passa de nouveau en Espagne. Mais cette campagne n'eut pas de résultats, grâce à la jalousie de la plupart des rois musulmans, dont l'un d'eux, celui d'Alméria, fut détrôné par Yousof. Il revint à Maroc, laissant le champ libre aux chrétiens et fut encore rappelé en 483 (1090-1091). Cette fois, il débarqua à Algésiras avec l'intention de s'emparer de la péninsule pour son propre compte. Il occupa Grenade après un siège de deux mois, puis Malaga et exila leurs souverains à Maroc; appuyé sur les faqihs, il chargea son général Sir Abou Bekr de soumettre les autres États musulmans espagnols. Malgré l'appui d'Alfonse et des chrétiens auxquels avaient recours les princes menacés, Tarifa, Cordoue et Séville, où régnait El-Mo'hammed, furent bientôt enlevées (484 hég., 1091 J.-C.). Alméria eut le même sort; Murcie, Dénia, Xativa se soumirent de gré ou de force ainsi que Badajoz, dont le roi, El Motaouakkil, d'abord l'allié de Yousof, avait acheté l'appui d'Alfonse moyennant la cession de Lisbonne et de Santarem. En 496 hég. (1102), après la mort du Cid Campeador, Valence fut reprise à sa veuve Chimène; enfin, en 500 (1106), lorsque Yousof mourut à l'âge de 100 ans, son empire s'étendait de Lisbonne à Alger et de Fraga, près de Lérida, au Sénégal et aux montagnes d'Or du Soudan. Ce prince est généralement regardé comme le fondateur de la dynastie almoravide (al morabet'oun, les religieux) qu'on appelle aussi al molaththemin (les voilés), à cause du litham (voile) que portaient les S'enhadjah, comme les Touaregs d'aujourd'hui. (Conf. Ibn Abi Zera'a, Roudh el Qart'as, p. 185-224; Ibn Khaldoun, Histoire des Berbères, t. II, p. 72-82; Al Marrakoshi, The history of the Almohades, p. 71-122; Dozy, Scriptorum Arabum Loci de Abbadidis, Leyde, 1846, 3 vol. in-4o, t. II ; Histoire des Musulmans d'Espagne, Leyde, 1861, 4 vol. in-8o, t. IV, p. 198-246). D dit à tort par Tachfin ben Yousof. C ajoute à Maroc : « Grande ville bien bâtie. »

(¹) Au lieu de ces deux produits, C mentionne « des fruits en abondance, tels que dattes et raisins ».

(²) Il s'agit sans doute de la forteresse de Tinmelelt (en berbère, la Blanche), un des 70 châteaux de la montagne de Deren (Dyrin de Pline l'Ancien; Adraren, en berbère, les montagnes). Quatre hommes suffisaient pour en défendre l'entrée, à laquelle conduisait un sentier à pic comme une échelle où une bête de somme ne passait qu'avec peine. C'est là que le Mas'moudi Ibn Toumert établit son quartier général; c'est là qu'on porta son cadavre quand il mourut à Djebel el Kaouakib le Mont des étoiles).

Le Mahdi Mohammed Amghar (en berbère, le Grand) Ibn Toumert était originaire de la tribu de Herghah, famille des Mas'moudah. Sa piété lui valut le surnom d'Asafou (en berbère, celui qui éclaire) et dans un voyage en Orient, il se concilia les bonnes grâces du célèbre philosophe El Ghazzâli. Il adopta les doctrines des Acharites, qui expliquaient certaines sourates du Qorân par des allégories et revint dans le Maghreb enseigner ces opinions et prêcher contre le relâchement des mœurs. Il connut à Bougie 'Abd el Moumen (V. plus haut) dont il se fit un disciple dévoué,

de montagnes traverse cette région de l'Ouest à l'Est, depuis la Grande Mer, à partir du pays de Sous et des contrées du couchant jusqu'au territoire des Zenatah au Nord. Elle tourne ensuite vers l'Est, séparant la contrée des Ouargla de l'Ifriqyah et se termine près de Qaïrouàn.

La région du Maghreb [1] est très étendue, mais les villes y sont peu nombreuses. Elle est habitée par des tribus berbères, telles que les Ghomarah [2], les S'anhadjah, les Lemaïah [3] et les Loouatah [4]. Les Mas'moudah forment

et chassés de cette ville, ils partirent pour Tlemcen; son intolérance au sujet des plaisirs et du luxe, le fit expulser successivement de Tlemcen, de Moquinés et de Maroc, où un conseil de docteurs, convoqué par le prince almoravide 'Ali ben Yousof ben Tachfin, condamna ses opinions acharites. Il se réfugia dans sa tribu, les Herghah en 515 de l'hég. (1121-1122 J.-C.), bâtit un couvent et prêcha les deux livres qu'il avait composés en berbère: le *Morchidah* (Guide) et le *Taouh'id* (l'Unité de Dieu). La traduction arabe de ces deux traités existe en manuscrit à la Bibliothèque nationale de Paris : la version berbère paraît perdue. Quelque temps après, il rassembla ses partisans, battit le gouverneur almoravide du Sous, s'établit à Tinmelelt, soumit toutes les tribus Mas'moudah, fit massacrer ceux dont il n'était pas sûr, repoussa les Almoravides jusque Maroc, mais vaincu par l'émir 'Ali ben Yousof, il battit en retraite et mourut 4 mois plus tard (522 hég., 1128 J.-C.), laissant le pouvoir à son disciple 'Abd el Moumen. (Conf. Ibn Khaldoun, *Histoire des Berbères*, t. II, p. 161-173; Ibn Abi Zera'a, *Roudh el Qart'as*, p. 212-260; Al Marrekoshi, *The history of the Almohades*, p. 128-139; Ibn el-Athir, ap. de Slane, *Histoire des Berbères d'Ibn-Khaldoun*, p. 573-576). — Les détails qui suivent jusqu'à la fin du paragraphe manquent dans C.

[1] Le commencement de ce chapitre est altéré dans D, d'une façon qui le rend presque incompréhensible : je l'ai rétabli à l'aide de A, B et C.

[2] Les Ghomarah, issus de Bernes ben Berr, par Ghomar, fils de Mas'moud, ancêtre des Mas'moudah, occupaient le Rif marocain sur une étendue de 5 journées de marche en longueur et en largeur; ils possédaient les villes de Tanger, Nokour, Badis, Tikisas, Tétouan, Ceuta, Qas'r Mas'moudah; leurs tribus étaient très nombreuses. Dans quelques historiens, le comte Julien qui appela les Arabes en Espagne, porte le nom de prince des Ghomarah. A cette famille appartiennent les Beni-Eïsam qui régnèrent à Ceuta jusqu'en 319 de l'hég. (931 J.-C.); les Beni S'alih, rois de Nokour, de 91 de l'hég. (709-710 J.-C.) à 406 de l'hég. (1015-1016). Une branche des Idrisides s'établit aussi dans le Rif de 212 de l'hég. (827-829) à 365 de l'hég. (975-976). Un faux prophète, Ha Mim, y établit quelque temps une nouvelle religion. (Conf. Ibn Khaldoun, *Histoire des Berbères*, t. II, p. 133-158, et mes *Notes de lexicographie berbère*, n° I, Paris, I. N., 1883, in-8°, Dialecte du Rif). B donne seul la vraie leçon; C, *Ghobarah*; D, *'Amoulah*; A, *'Amarah*.

[3] A et B, *Semtah, Nouatah*; C et D, *Semah*. J'ai corrigé ce nom en Lemaïah d'après Ibn Khaldoun. Cette tribu descendait, comme les Beni Faten, de Madghis el Abter, frère de Bernès, fils de Berr. Elle embrassa les doctrines badhites et fut l'appui constant de la dynastie des Beni Rostem, établie à Tiharet de 144 de l'hég. (761-762) à 293 de l'hég. (910-911). Après la destruction de cette ville, une partie d'entre eux émigra à Djerbah. J'ai recueilli en 1882 et publié un vocabulaire du dialecte berbère qu'ils parlent encore aujourd'hui (*Notes de lexicographie berbère*, n° I, chap II, Dialecte de Djerbah, p. 21-84) sur les Lemaïah (Conf. Ibn Khaldoun, *Histoire des Berbères*, t. I, p. 211-215).

Les Loouatah (pluriel en berbère *Ilouaten*) sont la branche berbère la plus célè-

un peuple nombreux : leur territoire a vingt jours de marche ([1]). On trouve dans le Maghreb des troupeaux considérables de moutons et de bœufs ([2]). On y chasse le *zerb* (porc-épic), animal de la grosseur d'un chien, couvert de laine ; il a cette particularité de rendre humide l'endroit où il met bas ses petits ; en effet, il porte à la queue un os pareil à un tube de roseau qu'il plonge dans l'eau et ne se retire que lorsque ce tuyau est rempli d'eau, alors il la répand à l'endroit où il gîte. Une autre de ses particularités est d'avoir sur les flancs des dards aigus comme des fuseaux de femme. Lorsqu'il est, à la chasse, serré de près par les chiens et les lévriers et qu'il se voit sur le point d'être pris, il lance ses dards avec une force plus grande que celle d'un arc ; quand il atteint un chien ou un homme, il le blesse ([3]). Les montagnes de cette contrée renferment

---

bre et la plus répandue : ils descendaient de Madghis el Abter par Loua le jeune, fils de Loua l'aîné, leur ancêtre éponyme. Ils furent connus des Anciens sous le nom de Levathæ ou Lebadæ et donnèrent leur nom à la Lybie ; ce sont probablement aussi les Loubim de la Bible ; ils peuplèrent les oasis égyptiennes où se parle encore aujourd'hui un dialecte berbère (Conf. Cailliaud, *Voyage à Méroé*, Paris, 1826, 4 vol. in-8°, t. I ; H. von Minutoli, *Verzeichniss von Wörtern der Siwasprache*, Berlin, 1827, in-4° ; Kœnig, *Vocabulaires appartenant à diverses contrées de l'Afrique*, Paris, in-4°, s. d.). Ils étaient établis aussi dans la Tripolitaine : ceux de l'Aouras prirent une part active à l'insurrection d'Abou Yézid, l'homme à l'âne, contre les Fatimites de 326 à 336 de l'hég. (Conf. Ibn-Khaldoun, *Histoire des Berbères*, t. I, p. 231-238 ; Vivien de Saint-Martin, *le Nord de l'Afrique dans l'antiquité*, Paris, I. I., 1863, in-4°, p. 32, 84, 86, 100`. — Au lieu de ces deux dernières tribus, D nomme les Djevrânah, les Beni-Koltsoum, les Mezqaïah, les Zerramin (?), les Serârah (?) et les Lemt'ah.

([1]) Les Mas'moudah, la plus puissante des familles berbères du Maroc, prétendaient descendre de Bernès, fils de Berr, par un ancêtre éponyme Mas'moudah ; de nombreuses dynasties furent fondées par leurs tribus dont les principales étaient les Berghouatah, les Ghomarah (V. plus haut), les Herghah, d'où sortit le Mahdi Ibn-Toumert ; les Hintatah, les Dokkalah et les Hahah, dont deux provinces marocaines portent encore le nom, les Assaden, les Gueufsah. De la dynastie almohade qui régna dans le Maghreb de 524 de l'hég. (1128 J.-C.) à 667 de l'hég. (1269), se détacha une branche qui posséda longtemps la Tunisie : les H'afs'ides, de 626 de l'hég. (1228-1229 J.-C.) à 982 de l'hég. (1574), date de l'établissement définitif des Turks à Tunis, et dont quelques rameaux dominèrent à Constantine et à Bougie. Conf. Ibn Khaldoun, *Histoire des Berbères*. t. II, p. 124-161). A donne seul les détails sur l'étendue du pays des Mas'moudah ; C se contente de dire que les tribus dont il vient de parler habitent le Djebel Maklatah, le Djebel Zerhoun et la montagne des Ghomarah.

([2]) Ces renseignements font défaut dans A et B qui abrègent considérablement ce paragraphe. C ajoute les bêtes de somme, et comme produits : le blé, l'orge, le coton en grande quantité ; peu de fruits, surtout des figues et des olives.

([3]) C dit que lorsque le dard atteint un chien, il le tue.

beaucoup d'animaux, tels que des lions, des panthères, des gazelles et des autruches ([1]); on y trouve des œufs d'autruches. Dans un de ces déserts, il y a un endroit étonnant appelé Masaoun où il pousse des cheveux noirs pareils à ceux des hommes : on les appelle « cheveux de Masaoun » ; les gens les recueillent, les filent et en font de beaux vêtements.

Dans la partie la plus reculée de cette région se trouve la ville d'Aghmat ([2]), de fondation ancienne. Elle est la capitale des Mas'moudah ; toutes les eaux d'Aghmat se rassemblent dans son voisinage ([3]). C'est de cette ville qu'on tire le cuir appelé *ghadamsi* et qu'on l'exporte dans tous les pays ([4]).

CHAPITRE III.

ITINÉRAIRES DU SAHARA CENTRAL.

La fin malheureuse de la seconde mission Flatters a attiré l'attention sur les territoires compris entre Ghdamès, Ghat, le Soudan et ʿAïn S'alah, territoires occupés par les Touaregs Ahaggar, Azdjèr, Kel Oui et Aouelimmiden, sur lesquels la France devra établir son autorité, si elle

---

([1]) C ajoute qu'on ne voyait pas de pareils animaux en Espagne et qu'on trouvait surtout les autruches et leurs œufs dans la plaine d'Anzour (peut-être celle de *Nezar*, mentionnée par El Bekri sur la route d'Aghmat à Fas), dans celle d'Es Sedrah, située entre Maroc et Salé ; il y en avait aussi entre Fas et Tlemcen dans la plaine d'Anfad (Angad ?), dans celle de Masoun par où l'on pénètre dans le Sous en venant de Tlemcen.

([2]) A, B et C donnent la bonne leçon ; D porte *Aghmar*. Il existait deux villes d'Aghmat, l'une nommée Aghmat Ilan, l'autre Aghmat Ourika ; les étrangers ne pouvaient pénétrer dans la première ; les environs étaient plantés de dattiers et d'arbres fruitiers ; le sol y était fertile, mais l'air très malsain (El Bekri, *Description de l'Afrique*, p. 339). Une branche des émirs Maghraouah gouverna Aghmat jusqu'à l'apparition des Almoravides. Ceux-ci s'emparèrent de cette ville en 449 (1057-1058) : le dernier prince de la dynastie, Laqout ou Laghout ben Yousof, s'enfuit à Tedla, où il fut rejoint et tué par ses ennemis en 451 (1059). Sa veuve Zeïneb devint la femme du chef des Almoravides Abou Bekr ben Omar, qui, en partant pour le S'ah'ara (453 hég , 1061 J.-C.), la repudia et la fit épouser à son cousin Yousof ben Tachfin. Ce fut elle qui excita son nouveau mari à garder pour lui seul l'autorité qu'il partageait avec Abou Bekr (voir p. 26, note 3).

([3]) La rivière d'Aghmat se nommait Taghirout. C ajoute le détail suivant qui manque ailleurs : « Une des particularités de cet étang est que sa profondeur, son étendue et ses bords sont égaux : il est effrayant à voir à cause de ses dimensions. »

([4]) A, B et C disent en outre qu'on trouvait à Aghmat beaucoup de vignes, de céréales et de palmiers.

veut s'assurer une ligne de commerce, soit par chemin de
fer, soit plutôt par caravanes, entre l'Algérie et le Sénégal,
en passant par le Soudan. Cette région a été peu fréquentée
par les voyageurs européens, dont quelques-uns, Laing,
Mlle Tinné, Dournaux-Duperré, Joubert, E. von Bary,
ont payé de leur vie leur dévouement à la science. C'est
donc aux indigènes qu'il faut demander la connaissance
de ce pays mystérieux. Dans ce but, je publie aujourd'hui
les itinéraires suivants qui m'ont été fort obligeamment
communiqués en 1881, au bureau arabe de Laghouat,
pendant un voyage interrompu à ʿAïn Madhi par l'insurrection de Bou-Amémah.

Le premier de ces itinéraires va de Ouargla à Ghat et
s'accorde pour les deux tiers du voyage avec la route suivie
par la première mission Flatters : le second, de Ghat à
Idlès, n'a été relevé encore par aucun Européen : Dournaux-Duperré et Joubert se proposaient de le suivre lorsqu'ils furent assassinés avant même d'arriver à Ghat; enfin
le troisième indique le chemin d'El Oued à Ghdamès,
suivant sur quelques points et abandonnant sur d'autres
la route des voyageurs qui, de 1856 à 1876, purent pénétrer
dans cette ville aujourd'hui fermée aux Européens par
le mauvais vouloir des Turks et les brigandages des Touaregs unis aux restes des Chaʿanba insurgés. Une expédi-
tion militaire française et une occupation définitive de Ghdamès qui jusqu'au commencement de ce siècle a dépendu
de la Tunisie, pourront seules nous rouvrir cette route.

J'ai accompagné les documents que je publie, souvent
incomplets ou trop laconiques, d'un commentaire tiré des
relations que j'ai eues à ma disposition : celles de Bonnemain (¹), de Mircher (²), de Duveyrier (³), de Barth (⁴),

(¹) Cherbonneau, *Relation du voyage de M. le capitaine Bonnemain à R'dâmes.*
Paris, 1857, in-8o.
(²) *Mission de Ghadamès. Rapports officiels.* Alger, 1863, in-8o.
(³) Duveyrier, *les Touaregs du Nord.* Paris, 1864, gr. in-8o.
(⁴) *Reisen und Entdeckungen in Nord- und Central-Afrika.* Gotha, 1857. 5 vol. in-8o.

de von Bary ([1]), de Largeau ([2]), de trois des membres de la première mission Flatters ([3]), enfin des renseignements que j'ai pu glaner çà et là dans les voyageurs, géographes et historiens arabes qui ont traité, presque toujours incidemment, de cette partie du Sahara.

Lunéville, 28 septembre 1884.

I.

Itinéraire de Ouargla à Ghat.

Une caravane partie de Ouargla mit 33 jours de marche pour arriver à Ghat en suivant cet itinéraire ([4]):

1er jour. — « En partant de Ouargla, on marche pendant trois jours dans la direction Sud. »

Les étapes intermédiaires sont données par le cheïkh Othman : 1er jour. Tarfaya, puits de 20 coudées. Ce puits et les *ghour* (montagnes) qui l'entourent prennent leur nom du *tarfa* [*Tamarix gallica*] ([5]).

2e jour. — Medjir : le terrain est plat et couvert de cailloux ; à l'Est, une muraille de rochers s'arrête à Medjir où l'on trouve un puits.

Cet endroit, appelé aussi Mjeira ou Medjira, est situé auprès d'une *gara* (colline) nommé *Maqtela* (massacre), où l'ancien agha de Touggourt, 'Ali bey, suivi d'un goum d'Oulad Zekri, livra un sanglant combat à un *djich* (parti) de Cha'anba insurgés ([6]). Dans les environs, près de

---

[1] *Reise von Ghat nach Wadi Mihero* (*Globus*, 1877).

[2] *Le Sahara algérien*. Paris, 1881, in-16 ; *Le Pays de Rirha*. Paris, 1879, in-16.

[3] Rabourdin, *Algérie et Sahara*. Paris, 1882, in-8o. F. Bernard, *Quatre mois dans le Sahara*. Paris, 1881, in-12. H. Brosselard, *Voyage de la mission Flatters*. Paris, 1883, in-12. *Les Deux Missions du colonel Flatters*, racontées par un membre de la première mission (Bernard), Paris, 1884, in-12, et le rapport publié par le Gouvernement général de l'Algérie : *Deuxième mission Flatters*, Alger, 1882, in-8o (non mis dans le commerce).

[4] J'ai complété les lacunes dans la mention des étapes à l'aide de l'itinéraire inédit du cheïkh 'Othman, le guide de M. Duveyrier qui a construit sa carte sur ses indications.

[5] Cf. Bernard, *Quatre mois dans le Sahara*, p. 16, avec une vue des environs ; *Les Deux Missions Flatters*, p. 52. H. Brosselard, *Voyage de la mission Flatters*, p. 78. Suivant ces derniers, le puits de Tarfaya est aujourd'hui à sec.

[6] Cf. H. Brosselard, *Voyage de la mission Flatters*, p. 80-82.

Ghatmaïa, on a trouvé des vestiges nombreux d'un atelier de silex taillés, datant de l'âge de pierre, et entre autres débris une hache de jade vert (¹).

3e jour. — « On arrive au puits de Djéribi'ah, après quoi l'on marche huit jours sans trouver d'eau. »

Le puits de Djéribi'ah est aujourd'hui comblé. Il était ainsi nommé d'une petite gerboise (*djerbou'*, diminutif *djeribi'ah*) que les Arabes immolèrent, en place de mouton, lorsque l'eau jaillit du puits pour la première fois (²).

Peut-être s'agit-il du désert appelé Gates par Léon l'Africain(³), qui faisait partie de la route du désert de Zouensiga, sur le chemin de Tlemcen à Tombouctou(⁴) et où l'on était neuf jours sans trouver d'eau.

Les étapes suivantes sont indiquées au nombre de onze par le cheïkh 'Othman.

1er jour. — Selasel-Dhanoun, au milieu des dunes ; appelé aussi H'assi Dhanoun.

Le Dhanoun (*Phelipæa violacea*) est une orobanchacée ; sa tige ne porte ni branche ni feuille et s'élève à 60 centimètres du sol ; lorsque la plante est jeune, les indigènes en mangent la bulbe ; en temps de famine, ils font bouillir et dessécher la tige, puis la réduisent en farine. Les Touaregs la nomment *Aheliouen, Timzhellitin, Fitckehen* (⁵).

2e jour. — Toumiet (en arabe, *Jumelle*) : on incline au S.-E. Là commence une nouvelle région de dunes sans eau, couvertes de drin. Elles ont de 50 à 100 mètres de haut, sont appelées El Oudj et s'étendent du Gourara à Neftah sur un parcours de 300 lieues.

On trouve près de Toumiet une sorte d'argile blanche

(¹) Rabourdin, *Algérie et Sahara*, p. 103.

(²) H. Brosselard, *Voyage de la mission Flatters*, p. 83. *Les Deux Missions Flatters* p. 53.

(³) *De Africæ descriptione*, p. 630.

(⁴) Cf. Bargès, *Tlemcen*, p. 204-222.

(⁵) Cf. Bernard, *Quatre mois dans le Sahara*, p. 20; *Les Deux Missions Flatters*, p. 57 : où le nom est mal orthographié « *Selass el Dhanoun* »; Duveyrier, *les Touaregs du Nord*, p. 185.

appelée *torbah*, d'où le nom de Feidj-torbah, assez semblable à la terre à foulon. On y a également constaté les traces d'un atelier de silex taillés ([1]).

3ᵉ jour. — Aïn T'aïbah : la marche est des plus pénibles, d'autant que Aïn T'aïbah n'est qu'un bas-fond rempli d'eau saumâtre.

Cette source est corrompue par les débris organiques de végétaux et les cadavres de chameaux ; l'eau de la mare, qui est profonde de cinq mètres, contient de 14 à 15 grammes de sel par litre : celle des puisards voisins ne renferme qu'un gramme de sel par litre. D'après une légende locale, un des puits est situé sur l'emplacement du campement d'un Cha'anba qui aurait refusé l'hospitalité à un marabout revenant de la Mekke. En punition, le sol se serait effondré sous sa tente. A l'époque de l'âge de pierre, ce point paraît avoir été un centre important à en juger par les débris de flèches, de pointes de lance et de couteaux en silex qu'on y trouve ([2]).

4-7ᵉ jours. — A partir de ʿAïn T'aïbah, on marche pendant quatre jours dans le *Ghassi* ([3]).

8-10ᵉ jours. — Le huitième jour, on quitte la première vallée pour suivre celle du Ouadi Chabet el Biodh (*le ravin blanc*) ; on campe à la source de ce nom à la fin du 12ᵉ jour.

El Biodh, où les Touaregs Ifoghas prennent souvent leurs quartiers d'été, est une dépression dont le fond est rempli d'une eau claire, mais saumâtre et purgative. C'est le puits de Bir el Tabbeyed, mentionné à trois jours de marche de Ten Yakkin, sur la route de Ghdamès àʿAïn-

---

([1]) Cf. Rabourdin, *Algérie et Sahara*, p. 116-117 ; Bernard, *Quatre mois dans le Sahara*, p. 21. *Les Deux Missions Flatters*, p. 58.

([2]) Cf. Louis Say, *Wargla, Revue géographique internationale*, septembre 1878, p. 285; Bernard, *Quatre mois dans le Sahara*, p. 22-25 ; H. Brosselard, *Voyage de la mission Flatters*, p. 84-90 ; *Les Deux Missions Flatters*, p. 59-63; Rabourdin, *Algérie et Sahara*, p. 119-121.

([3]) Le *Ghassi* est un terrain plat, couvert de cailloux, qui s'allonge sur une largeur de deux ou trois kilomètres entre les chaînes de dunes.

S'alah, à 16 journées de cette dernière, dans l'itinéraire de Tripoli à Tombouctou du cheïkh H'adj Qasim ([1]). Aux environs, on aperçoit pour la première fois une solanée, appelée *El Battina* et *Falezlez* par les Arabes, *Afalchlé* en Touareg, *Goungat* à Tripoli (*Hyoscyamus falezlez*). C'est avec cette plante dont les effets sont semblables à ceux de la belladone, que les Touaregs empoisonnèrent les dattes sèches qu'ils vendirent aux débris de la seconde mission Flatters ([2]). Au Nord, à H'assi Mouïleh et dans les dunes, on rencontre les restes de deux ateliers de silex ([3]).

11ᵉ jour. — On gravit les hautes dunes limitant l'Oued Ighergher qui, venu du Djebel Hoggar, se perd à Temacin.

Il serait plus exact de dire qu'à Temacin, près de Touggourt, l'O. Ighergher change ce nom contre celui d'O. Righ (O. Rir'); à l'époque où l'eau coulait à découvert dans le Sahara, c'était un fleuve, comparable au Nil, prenant sa source près d'Azek'k'an Akkar (*Tombeau d'Akkar*) dans l'Atakor n Ahaggar, recevait comme affluents les rivières représentées aujourd'hui par les oueds desséchés d'In-Orâren, Tizozelen, Aoufaran, Taharraket, Tagharghaït, Tazokkoulin, etc., et se jetait dans le Chott Melghigh alors plus vaste qu'aujourd'hui ([4]).

« Le 11ᵉ jour, on rencontre Tanzrouft (en touareg, *le plateau rocheux*), et on fait halte près du puits d'eau salée creusé dans le lit de l'Oued. Celui-ci descend des hauteurs de 'Ain S'alah et se perd dans les bas-fonds de l'O. Righ. »

Cet endroit est appelé aussi Tanesrouft Sghirah. On y

([1]) Walckenaer, *Recherches géographiques sur l'intérieur de l'Afrique septentrionale.* Paris 1821, in-8°, p. 422.

([2]) Cf. Duveyrier, *les Touaregs du Nord*, p. 182-184; Bernard, *Quatre mois dans le Sahara*, p. 30-34; H. Brosselard, *Voyage de la mission Flatters*, p. 101-104. *Les Deux Missions du colonel Flatters*, p. 265-267; *Deuxième mission Flatters*, p. 303, *Note sur la plante appelée El Battina.*

([3]) Rabourdin, *Algérie et Sahara*, p. 124-126.

([4]) Cf. Vivien de Saint-Martin, *Dictionnaire de géographie*, s. h. v°, t. II, p. 783-784, où il résume les données de Duveyrier, Largeau, Dournaux-Duperré. Roche et Bernard.

y trouve des coquilles de l'époque quaternaire, mais aucune végétation (¹).

12-13ᵉ jours. — « Pendant deux jours, on marche dans un pays accidenté de chaînons et de ravins. »

13ᵉ jour. — On arrive à la Zaouïah de Sidi El Bekri Sidi Yamma à Temassinin. »

Temassinin est une forme altérée de *Timassanin*, pluriel de *Temassint* qui signifie *puisard* en touareg. Cette oasis se compose d'une qoubbah et de deux maisons entourées de jardins. Ceux-ci renferment 150 palmiers, ont 200 mètres sur 100 et sont arrosés par un puits artésien dont l'eau est excellente. La qoubbah, située près du bordj, relève de l'ordre des Tedjinis et est dédiée à Sidi Mousa, des Oulad El H'adj El Faqqi, mort il y a 160 ans. Ce personnage, ou son fils, suivant d'autres, aurait été le premier moqaddem de l'ordre : il avait le don de voyager dans l'air et mourut aux environs de Ghdamès. On raconte sur ses funérailles une légende analogue à celle de la chamelle de Sidi Cheïkh (²). Après lui, El H'adj El Bekri, mort en 1831 et Si 'Othmân en ont été les moqaddems. Malgré le respect qu'ont les Touaregs pour cette confrérie religieuse, l'oasis est parfois razziée par eux (³).

14-17ᵉ jours. — « Ensuite quatre jours de marche à travers un plateau pierreux. »

A partir de ce point, les vestiges d'ateliers de silex taillés deviennent de plus en plus rares ; leurs débris sont rem-

---

(¹) Bernard, *Quatre mois dans le Sahara*, p. 37-39.

(²) Cf. De Colomb, *Exploration des Ksours et du Sahara de la province d'Oran*. Alger, 1858, in-8º, p. 21-25.

(³) L'oasis a été visitée et décrite en détail par M. Louis Say, *la Zaouïa de Temacinin ; Revue géographique internationale*, nº 30, avril 1878. Cf. Duveyrier, *les Touaregs du Nord*, p. 310 ; G. Rohlfs, *Reise durch Marokko*, Bremen, 1882. in-8º, p. 230-234 ; Rabourdin, *Algérie et Sahara*, p. 126-129 ; *Les Deux Missions Flatters*, p. 78-85 ; Maunoir et Duveyrier, *Année géographique*, 1877, 2ᵉ série, t. II, p. 330 ; Bernard, *Quatre mois dans le Sahara*, p. 41-44 ; H. Brosselard, *Voyage de la mission Flatters*, p. 114-116 ; et sur la confrérie des Tedjinis : Arnaud, *Histoire de Sidi Ah'med El Tedjini*, extraite du Kounnach (*Revue africaine*, t. V, p. 462 et suiv.) ; Parisot, *Les Ordres religieux musulmans* (*Bulletin de la Société de géographie de l'Est*, 1881, p. 571).

placés par des haches taillées datant du commencement de l'époque quaternaire (¹).

Les étapes suivantes sont indiquées entre Temassinin et et 'Aïn Tebalbalt par le cheïkh 'Othman :

1° Tanzerga : on laisse à sa droite l'O. Igharghar après avoir franchi une dune de sable ;

2° Khanfousa (en arabe, *le Scarabée*) sur un plateau qui sépare l'O. Igharghar de l'O. Ifsaoui (en touareg, *le large*).

La montagne de Khanfousa, haute d'environ 220 mètres, est formée par un grès gris, teinté de rouge ; la partie exposée à l'air est noire (²);

3° Touskirin, dans un oued qui va à Ghât. Les collines qui bornent cette dépression au Sud se nomment Djebel Issaoui.

L'aiguade de Touskirin n'est qu'une cavité à moitié remplie de sable : on voit aux environs un palmier et des sépultures musulmanes (³).

17ᵉ jour. — « 'Aïn-Tebalbalt, puits. »

La source, quoique peu abondante, est soigneusement entretenue ; l'eau est excellente. On voit aux environs des traces d'habitations et deux sépulcres en forme de *tumuli* coniques, formés de pierres, hauts de 2 à 3 mètres et entourés de cercles concentriques. Les indigènes n'en connaissent pas l'origine : quelques-uns croient que ce ne sont pas des tombeaux, mais des monuments renfermant des trésors (⁴).

Entre Aïn-Tebalbalt et l'étape suivante, le cheïkh 'Othman signale l'O. Tanfokh.

18ᵉ jour. — « 'Aïn el H'adjadj (*la source des pèlerins*).

C'est là que se rejoignent les caravanes de pèlerins venant de Tombouctou et du Touat. »

(¹) Rabourdin, *Algérie et Sahara*, p. 130-132.
(²) Bernard, *Quatre mois dans le Sahara*, p. 47-48 ; *Les Deux Missions Flatters*, p. 90-91 ; H. Brosselard, *Voyage de la mission Flatters*, p. 117-118.
(³) Bernard, *Quatre mois dans le Sahara*, p. 49.
(⁴) Rabourdin, *Algérie et Sahara*, p. 134-135 ; Bernard, *Quatre mois dans le Sahara* p. 51 ; H. Brosselard, *Voyage de la mission Flatters*, p. 119-120.

Le puits a 4 mètres de profondeur et est revêtu de maçonnerie ; l'eau est bonne, mais peu abondante ; les environs sont couverts de végétation ([1]). A partir de ce point, la mission Flatters quitta la route de Ouargla à Ghat, pour se diriger vers le lac Menghough, au N.-O. de cette dernière ville.

19-23ᵉ jours. — « Pendant cinq jours on marche sans trouver d'eau. » Les étapes intermédiaires sont données par l'itinéraire du cheikh 'Othman :

1° O. Tarkh.
2° Aït-Zouaten.
3° Ihan.
4° Interga.
5° Ilezzi.

Ce sont des oueds qui descendent tous du Djebel Ilezzi.

24ᵉ jour. — « O. Takhmalt ([2]). »

C'est le fleuve le plus important de tous ; il contient toujours de l'eau et renferme l'amphibie appelé par les Touaregs *aghouchef*, et qui n'est autre que le crocodile. L'existence de ces animaux en plein Sahara ne peut être contestée, si surprenant que soit le fait. Pline l'Ancien ([3]) rapporte que le Nigris, assimilé aujourd'hui par quelques géographes à l'Igharghar, et qui prenait sa source entre les Éthiopiens Taréléens et les Œcaliques, renfermait les mêmes animaux que le Nil, par conséquent des crocodiles. M. Duveyrier signala leur existence dans les lacs de Miherô ou Imiherô, une des têtes de l'Igharghar, et à Tadjaradjara, à la source de l'O. Tidjoudjelt ; toutefois, il ne put vérifier lui-même le fait([4]), mais le docteur E. von

([1]) Bernard, *Quatre mois dans le Sahara*, p. 54-58 ; H. Brosselard, *Voyage de la mission Flatters*, p. 131.
([2]) Il est appelé *Tikhammalt* dans la déposition d'Amar ben Haoua : à 17 jours de marche sur la route de Ghdamès, il reçoit l'Oued Maharoug (*Deuxième mission Flatters*, p. 325).
([3]) *Histoire naturelle*, liv. V, chap. VIII, 2.
([4]) *Les Touaregs du Nord*, p. 232-234.

Bary qui visita le Takhmalt supérieur, observa des traces de crocodiles qui devaient mesurer de 1^m,60 à 2 mètres (¹).

Une tradition locale raconte que la vallée de Takhammalt fut donnée par un Amanokal des Imanan à la douairière des Imanghasaten, celle qui pouvait transmettre la noblesse à ses enfants (²). Nous trouvons aussi cette vallée mentionnée dans les itinéraires du commencement du siècle, entre autres dans celui de Tripoli à Kachnah par H'adj Qasim. Il place « le torrent de Tahamalt dont les environs sont ombragés d'une grande quantité d'arbres » à une journée du torrent d'Açawan et à 9 jours de *Gatz* (Ghât) : distance exacte ; jusqu'à ce dernier point il ne cite comme étapes que Tanout Mellen (Tanit Mellet de la carte de Petermann) à 3 jours de là, et Ten Gacem à 3 jours plus loin (³).

A partir de l'O. Takhmalt, la route rejoint celle de Ghdamès à Ghat.

25-27ᵉ jours. — « On marche pendant trois jours à travers un pays accidenté. »

L'itinéraire du cheïkh 'Othman n'indique qu'une seule étape, l'O. Izeguerar, dont la source est à 4 journées au Sud.

27ᵉ jour. — « Oued-Tarat. Pendant trois jours, on ne rencontre plus d'eau. »

A partir de ce point, la route du cheïkh 'Othman suit une autre direction de l'O. Tarat à Ghat :

1° O. Tinaradj.

2° O. Tinerken : les montagnes se rapprochent.

3° O. Titerha.

4° O. Ilen, dans une grande vallée allant du S.-E. au

(¹) E. von Bary, *Reise von Ghat nach Wadi Mihero* (*Globus*, 1877, n°ˢ 2, 3, 11, 23) ; Maunoir et Duveyrier, *Année géographique*, 2ᵉ série, t. II, p. 327-342.

(²) Duveyrier, *les Touaregs du Nord*, p. 324.

(³) Walckenaer, *Recherches géographiques sur l'intérieur de l'Afrique septentrionale*, p. 146.

N.-O. A 5 jours de là est la source de l'Oued, auprès de laquelle passe le chemin de Ghat à 'Aïn S'alah.

5° O. Ouariret, qui sort du mont Dahi à 2 jours de marche de là.

6° Ghat.

30e jour. — « Il'assi El Haleg, dans le lit de l'oued qui passe à Ghat et qu'on suit pendant trois jours. »

33e jour. — Ghât ([1]).

II.

Itinéraire de Ghât à Idlès et au Djebel Hoggar.

Pendant quatre jours on suit la route de Ghât à 'Aïn S'alah en longeant le Djebel Ghât. Le premier jour on campe à Tasset.

2e jour. — Mouchi.

3e jour. — Dida.

4e jour. — Tissouararnin : on tourne au Sud pour franchir le Djebel Ghat.

5° jour. — Medjidalen, dans la montagne.

6e jour. — Imza, fleuve qui coule toute l'année : on sort du Djebel Ghât.

7e jour. — Oued Tefessasa. Cette rivière, qui sort du Djebel Ghat, coule au fond d'une vallée qui s'étend jusqu'au Bornou.

8e jour. — Oued Tihoragh. On laisse à gauche l'Oued Tefessasa et on campe près de l'O. Tihoragh qui coule du Sud au Nord : il se jette dans la sebkha d'Amadghor.

---

[1] Sur cette ville dont j'ai parlé ailleurs (*Notes de lexicographie berbère*, I, p. 35-39, cf. W. Oudney, *Excursion faite à l'ouest de Mourzouk*, ap. Denham, *Voyages et découvertes dans le Nord de l'Afrique*. Paris, 1826, 3 vol. in-8°, p. 97-106 ; Barth, *Reisen und Entdeckungen in Nord- und Central-Afrika*, Gotha, 1857, 5 vol. in-8°, t. I, p. 259-265 ; Duveyrier, *les Touaregs du Nord*, p. 256-275 ; Corblère, d'après Krause, *Histoire de Ghat* (*Bulletin de la Société languedocienne de Géographie*, 1883, t. VI, p. 233-261). Le dialecte touareg parlé à Ghat a été exposé par St. Freeman, *A grammatical Sketch of the temahug or towareg language*. Londou, 1862, in-8°. J'en ai publié un vocabulaire que j'ai recueilli à Tripoli en 1882 (*Notes de lexicographie berbère*, I, p. 39-48). Il faut y joindre les documents édités par M. Krause : *Mittheilungen der Riebek'schen Niger-Expedition*. 2e partie. *Proben der Sprache von Ghat in der Sahara*. Leipzig, 1884. in-8°.

9ᵉ jour. — On campe à Ihehaouen au fond du Djebel
Ahaggar.

Ce nom est porté par une fraction de Touaregs mara-
bouts du Fezzàn, qui habitent entre Gnât et Mourzouk (¹).

10ᵉ jour. — On traverse l'O. Mesmess et on campe à l'O.
Tilouat.

« Le 11ᵉ jour on arrive à Idlès, qui a de 150 à 200 maisons : c'est la résidence ordinaire du chef des Touaregs
Ahaggar [Ahitaghel] (²). L'Oued Idlès sur lequel elle est
bâtie, prend plus loin le nom d'Oued Igharghar : il traverse le Djebel Ghat en sens inverse de l'Oued Tahenasset et
lorsqu'il entre dans la région des dunes, on l'appelle O.
Saoudi. »

Cette ville fut bâtie en 1822 sur un emplacement appelé
Tafouri, par El H'adj Ah'med ben El H'adj El Bekri, alors
chef de la tribu des Ahaggar, dont elle peut être regardée
comme la capitale.

Suivant Ibn Khaldoun (³), le nom de *Hoggar* est le
même que celui de Hoouara, une des plus anciennes fractions de tribus berbères, issue de Bernès par Hoouàr ben
Aourigh (⁴). Dans quelques dialectes de cette langue, la
rencontre de deux *ou* produit un *g* (⁵). Lors de l'invasion
arabe, ils habitaient la Tripolitaine comme nomades ou
comme sédentaires. Une de leurs tribus, fuyant les con-

<hr>

(¹) Duveyrier, *les Touaregs du Nord*, p. 365.

(²) D'après la déposition de 'Amar ben Haona, échappé au massacre de la 2ᵉ mission Flatters, Idlès est un village de 50 à 60 maisons, peuplé de 500 habitants et gou-verné par Engadi, chef du ghezzou touareg qui détruisit la mission (*Deuxième mis-sion Flatters*, p. 320-321).

(³) *Histoire des Berbères*, t. I, p. 275.

(⁴) Une légende locale, citée par El Edrisi (*Description de l'Afrique et de l'Espagne*, p. 58 du texte) et par Ibn Abi Zera'a (*Roudh el Qarta's*, p. 163), donne l'étymologie suivante du nom de Hoouara : Un émir du H'idjâz étant parti à la recherche d'un troupeau de chameaux, passa le Nil, arriva jusqu'en Tripolitaine et apprit qu'il se trouvait dans l'Ifriqyah. « En ce cas nous sommes fous » (*tahaouarna*), s'écria-t-il, d'où son surnom de Hoouara. S'étant fixé, continue la même légende, dans une tribu Zénata, il épousa Tâzoggây, mère de S'anh'adj et de Lamt', ancêtres des deux grandes familles berbères et en eut un fils, El Mothauna, l'aïeul des Hoouara.

(⁵) Cf. Hanoteau, *Essai de grammaire kabyle*. Alger, 1859, in-8°, p. 9. Ainsi chez les Beni Menacer, *thaggourt* ou *thouggourt* pour *thaouourt*, porte, étymologie proba-ble du nom de la ville de Touggourt, qu'on avait voulu faire dériver du latin *tugu-rium!* De même chez les Aïth Abbès *gourgaz*, de l'homme, pour *ouourgaz*.

quérants, s'enfonça dans le désert (¹) et se fixa auprès des
Lemt'ounas (S'enh'adjas), dont la domination s'étendait
jusqu'au Soudan. Ce furent les seuls Hoouaras qui res-
tèrent indépendants, car après des révoltes malheureuses
contre les diverses dynasties de l'Ifriqyah et de l'Égypte,
leurs frères furent vaincus et réduits au rang de peuples
tributaires.

Une tradition locale, recueillie par M. Duveyrier (²), fait
descendre les tribus nobles de l'Ahaggar des Oulad Sidi
Malek, qui avaient pour ancêtre un chérif du nom d'Aggag,
originaire d'Ès Souk, ville très grande et très importante,
située à moitié chemin entre 'Aïn S'alah et Gôgo (Kaou-
kaou d'Ibn Bat'out'ah?), bâtie par les noirs, prise par les
Touaregs, et finalement anéantie par le roi de Gôgo (au
milieu du viii° siècle de l'hégire). Tout en considérant
comme apocryphes les généalogies qui rattachent des tribus berbères à des chérifs arabes, soi-disant issus de Mo-
h'ammed, on peut trouver dans cette tradition le souvenir
d'un fait historique. On a vu plus haut que les Hoouaras
émigrés dans le désert s'établirent près des Lemt'ounas, qui
occupaient le Sahara occidental depuis un temps immé-
morial; les rapports de ces deux tribus entre elles sont
fixés par le récit suivant tiré d'El Bekri (³), d'Ibn Abi
Zera'a (⁴) et d'Ibn Khaldoun (⁵). Sur la demande de Yah'ya
ben Ibrahim, chef des Djoddala, appuyée par le faqih de
Qaïrouân Abou 'Imrân el Fasi, le jurisconsulte Ou-
Aggag, fils de Zellou, de la tribu des Lemt'ounas, envoya
(430 hég.) son disciple 'Abd Allah ben Yasin ben Meggou(⁶)

(¹) Le passage d'Ibn Khaldoun a été mal compris par M Rabourdin (*Algérie et Sahara*, p. 151) qui le rapporte à la seconde invasion musulmane (xı° siècle).

(²) *Les Touaregs du Nord*, p. 321 et suiv.

(³) *Description de l'Afrique*, p. 363.

(⁴) *Roudh el Qart'as*, p. 165 et suiv.

(⁵) *Histoire des Berbères*, t. II, p. 67 et suiv.

(⁶) Sa mère, Tin Izamaren, était d'origine guézoula et née dans le village de Tem-mamanout, village sur la limite du désert de Gh ma (El Bekri, *Description de l'Afrique*, p. 361).

prêcher l'islamisme aux tribus sahariennes qui n'étaient
musulmanes que de nom. Cet Ibn Yasin, d'abord retiré
dans une île du Sénégal, s'adjoignit deux auxiliaires, d'o-
rigine royale, qui dirigèrent plus tard les opérations mili-
taires : Yah'ya ben 'Omar ben Telagaguin mort en 447 hég.
(1055-1056 J.-C.), et son frère Abou Bekr ben'Omar, qui
lui succéda. Celui-ci, après avoir anéanti les Berghouata
hérétiques de l'Atlas et conquis le pays de Sous, tourna
ses armes contre les tribus insoumises du Sahara. Ce fut au
retour d'une de ces expéditions qu'il fut supplanté par son
cousin Yousof ben Tachfin (voir plus haut), à qui il avait
cédé sa femme Zeïneb. Il mourut en faisant la guerre
sainte dans le désert, blessé d'une flèche empoisonnée,
480 hég. (1087-1088 J.-C.). Si l'on admet l'identité très
probable de l'Ou Aggag des historiens arabes et de l'Aggag
de la tradition touareg, on voit que la conversion définitive
de cette tribu date du milieu du v⁰ siècle de l'hégire (¹).
L'autorité religieuse d'Ou Aggag explique comment les
Ahaggar ont donné le titre de chérif à celui qui le repré-
sentait et que peu à peu ils ont fini par confondre avec
lui.

Au xiv⁰ siècle, Ibn Bat'out'ah, à son retour de Tombouctou, traversa le pays des Hakkar ou Haggar, « qui sont une
tribu de Berbères portant un voile sur la figure ; il y a peu
de choses à en dire, sinon que ce sont des vauriens (²) ».

(¹) Cf. Duveyrier, *les Touaregs du Nord*, p. 321-327.
(²) Ibn Bat'out'ah, *Voyages*, éd. Defrémery et Sanguinetti, t. IV. Paris, 1879, in-⁰
p. 446. L'assassinat de M˗˖˖ Tinné, du major Laing, le massacre de la mission Fla.-
ters ont malheureusement montré qui avait raison, du grand voyageur arabe, ou de
M. Duveyrier qui écrivait il y a vingt ans : « Probablement ils (les Touaregs) valent
mieux que leur réputation.... Tout Français qui voudra explorer l'Ahaggar *sera
bien accueilli*, s'il se conforme aux usages » ; et ailleurs: « Je ne me sens pas le cou-
rage de jeter la pierre à des gens qui, *s'ils n'existaient pas, devraient être inventés* »
Duveyrier, *les Touaregs du Nord*, p. 370, 371, 373). Lorsque le colonel Trumelet.
(*Les Touaregs et le commerce du Sahara, Revue de géographie internationale*, n⁰ 34,
août 1878) montrait par des faits, combien l'on devait attendre d'eux, M. Duveyrier (*Année géographique* de 1878, p. 10) lui reprochait de « trop s'en rapporter aux
Arabes». Ceci était écrit en 1880, et un an après, le colonel Flatters repoussait comme
un mensonge inspiré par la haine arabe contre les Touaregs, l'avis du Chäanbi
Bou Djema'a le prévenant, au puits d'Asiou, que les Ahaggar le trahissaient et

Ce pays a été décrit par Léon l'Africain (¹) et son copiste
Marmol (²) sous le nom de désert de Targa, limité au
Nord par ceux du Touat, de Tigourarin et de Mesala,
au Sud par celui d'Agadès, à l'Est par celui d'Ighidi et à
l'Ouest par celui de Zouensiga. Au commencement de
ce siècle, Hornemann donna quelques renseignements
sur les coutumes des Hagara (Ahaggar) dont les villes,
dit-il, n'avaient pas plus de 25 ou 30 maisons en pierre(³).

Les Ahaggar vivaient unis aux Azdjer sous l'autorité des
amanôkal pris dans la tribu noble des Imânan. Il y a deux
siècles, lorsque l'amanôkal Goma qui régnait sur le Sahara
presque entier fut assassiné, à cause de sa tyrannie, par
Biska, un des Azdjer, cette tribu, aidée d'une colonie d'Ou-
râghen venue des bords du Niger, secoua l'autorité des
Imânan : les Ahaggar se séparèrent alors des Azdjer et
formèrent une confédération du nom de Kêl Ahamellen,
dont le nom est encore porté aujourd'hui par une de leurs
tribus. On a vu qu'en 1825, leur chef ou *amghar* était El
H'adj Ah'med ben El H'adj El Bekri, fondateur d'Idlès.

Les Ahaggar sont aujourd'hui divisés en quatorze tribus nobles, qui commandent chacune à des *Imghad* ou serfs.
Toutefois, on n'est pas d'accord sur le nom ni le nombre
exact de ces fractions ; on compte parmi elles : les Kel
Ghela, qui se disent issus d'un certain sultan El'Alouï et
qui habitent la vallée d'El'Arar. Le chef de cette tribu,
qui porte le titre d'*amghar* de toute la confédération, était,
il y a vingt-cinq ans, un centenaire du nom de Guemêma.
On lui substitua le marabout El H'adj Ah'med, frère de
cheikh 'Otman, Ifour'as (Azdjer) par son père, mais
Ahaggar par sa mère. Aujourd'hui le pouvoir est aux

qu'il courait à sa perte. Le rapprochement est significatif, mais la même opinion qui
n'avait pas grande importance à Paris devait avoir des conséquences terribles dans
le Sahara.

(¹) *De Africæ descriptione*, p. 630-631.
(²) *L'Afrique*, t. I, liv. 3, ch. 26.
(³) *Voyage dans l'intérieur de l'Afrique*. Paris, 1812, in-8°, p. 249-214.

mains d'Ahitaghel, des Kel Ghela, que les événements
de 1881 ont rendu tristement célèbre.

Les Iboghlan (Bouguelan, Ibouglan), qui prétendent
descendre d'un Djinn.

Les Tefedist.

Les Taïtoq, dont une partie se dit issue des Imanân,
anciens sultans touaregs, et une autre des Kel Fadaï dans
le pays d'Aïr. Ce seraient eux qui auraient pris la principale part à l'assassinat de la mission Flatters. Ils habitent la vallée d'Arak (¹). Les Tedjhé (Tezehen), divisés en
Tedjhé n Eggali et Tedjhé n Asekkal (²) que M. Duveyrier
joint aux Kêl Ahamellen proprement dits : ils habitent la
vallée de Teghasart ; les Inemba, formant deux fractions :
les Inemba Kêl Tahat et les Inemba Kel Emoghri ; les
Tedjhé n Ou Sidi, apparentés aux Imanân des Azdjer dans
la vallée de Teghasart ; les Ikdeyen (Ikadeen ou Ikedihen),
originaires d'Es Souk et établis à Arimmegel ; les Ighech-
choumen, issus également des Imanân et des Ikedihen ;
les Ikerremouïn (de l'arabe *kerim*, généreux ?) et les Enni-
tra ; les Kel Amgheri, les Tedjhé Mellet (³).

Les tribus serves ou *imghad* sont les suivantes :

Des Tedjhé Mellet : les Kel Ouhât, les Isaqqamaren (⁴),
les Aït Laounien ; les Kel Tarourit.

(¹) D'après un renseignement que j'ai recueilli à Ouargla, mais dont je n'ai pu
vérifier l'exactitude, le dialecte des Taïtoq différerait considérablement de celui
des autres Ahaggar. C'est entre les mains du qadhi des Taïtoq, originaire du Touat,
que se trouvent les papiers de la mission Flatters.

(²) Au capitaine : Tegebö n Arek'k'el.

(³) Cf. Hanoteau, *Grammaire tamachek'*. Paris, 1860, in-8°, p. 18 ; Daumas et A.
de Chancel, *le Grand Désert*. Paris, 1856, in-12, p. 133-152 ; Au capitaine, *Notions
ethnographiques sur les Berbères Touaregs*, in-8°. Genève s. d. ; Duveyrier, *les Touaregs du Nord*, p. 368-380 ; Vivien de Saint-Martin, *Dictionnaire géographique*, s. v.,
Hoggar, t. II, p. 701-703.

(⁴) Une poésie tamachek' citée par Hanoteau, *Grammaire tamachek'*, p. 213-215,
commence ainsi :

Les Isaqqamaren ne sont pas des hommes :
Ils n'ont ni lances en fer (*allar'en*) ni lances à manche de bois (*ter'edonin*),
Ils n'ont ni harnachements, ni selles de chameaux,
Ils n'ont pas de beaux boucliers,
Ils n'ont pas une situation joyeuse,
Ils n'ont pas de chameaux gras et bien portants.
Les Isaqqamaren, ne m'en parlez pas !

Des Kel Ghela : les Imesliten, les Kel Ghafsa (¹), les Isaqqamaren, les Kel Ingher, les Kel Ghâris ; les Kel Tesoka, les Kel Adenek, les Kel Tifedest ; les Kel Tezholet ; les Kel Tahat ; les Isendaten, les Mertemoq et les Dag ouain Taouat.

Des Ibôghlan : les Imesliten et les Iberbéren.

Des Taïtoq : les Kel Ahenet, les Kel Ghafsa, les Imesliten, les Iklan (nègres), les Tedjhé n Afis.

Des Ikdeyen : les Iher'an.

Des Inemba Kel Tahat : les Imesliten.

Des Inemba Kel Emoghri : les Aït Laounien, les Ehan n Aholar' (*tente du bouc*), les Aït Laounien Kel Tazholet.

Les autres tribus nobles n'ont pas de serfs.

III.

Itinéraire d'El Oued à Ghdamès.

La caravane qui suivait cette route se composait de cinq hommes conduisant 22 chameaux chargés de blé, d'orge et de dattes, de deux quintaux de cuivre et de peaux de bouc (*guirbah*) remplies d'eau.

1ᵉʳ jour. — « Amich où l'on trouve 400 puits et l'eau à à 20 mètres au-dessous du sol. »

Cet endroit appelé Emnich par M. de Bonnemain, est le territoire d'hivernage des T'roud, des Ferdjân et des Reba'iah. En 1863, la mission Mircher constata que

---

Ce sont des gens mélangés (de sang mêlé),
On trouve chez eux toute espèce de monde :
Quelques-uns sont pauvres, mais à l'abri du besoin,
D'autres sont abusés par le démon ;
Quelques-uns n'ont que leurs bâtons ;
D'autres ont fait le pèlerinage et l'ont recommencé ;
Quelques-uns lisent habituellement le Qorân, d'autres l'apprennent par cœur.
Ils possèdent dans les pâturages des chamelles et des petits,
Et des boules d'or bien empaquetées, etc.

(¹) Dont le nom se retrouve dans celui de l'oppidum de Rapsa, pris par Cornélius Balbus (Pline l'Ancien, *Histoire naturelle*, liv. V, ch. v). On attribue aux Kel-Ghafsa (ou R'afsa), la fondation de Ghât. Cf. mes *Notes de lexicographie berbère*, 1ʳᵉ partie, p. 36.

la nappe d'eau au-dessous de laquelle sont situés les jardins de cette ville et qui est très abondante, n'est qu'à 4ᵐ,50 du sol. Non loin de là, on voit une qoubbah assez considérable consacrée à Sidi ʿAbd El Qâder el Djilâli (¹).

« Pendant six journées, la caravane traversa le pays des T'roud, en marchant depuis le point du jour jusqu'à 9 heures du matin et du milieu de l'après-midi à la nuit. L'abondance des puits fait donner au pays des T'roud le nom de Beled H'aouasi.

D'après Ibn Khaldoun (²), les T'roud, tribu arabe, sont issus par un ancêtre éponyme de H'akim, fils de H'isn ; cette dernière famille était une branche des ʿAllak, descendants de ʿAouf, fils de Bath'a ben Soleïm. Les Benou Soleïm sont un des peuples les plus nombreux et les plus illustres parmi ceux qui se rattachent à Modhar, l'ancêtre des tribus du H'idjaz. Ils émigrèrent en Afrique lors de la révolte du prince Zeirite de Tunis, Mo'ezz ben Badis, et la branche des T'roud s'établit dans le S'ouf vers l'an 800 de l'hégire (1397-1398 de J.-C.). Le souvenir de leurs luttes s'est conservé dans une légende populaire. Des coupeurs de route chassés successivement d'Égypte, de Barqah, de Tripoli et de Gabès, prirent pour chef un vieillard nommé T'rad ben Dhah'is ; bien que passés au service du sultan de Tunis, ils continuèrent leurs brigandages, s'enfuirent au Maroc, puis, après la mort de leur chef, revinrent occuper le S'ouf dont ils dépossédèrent les ʿAdouan et où ils habitent encore aujourd'hui, subdivisés en six tribus (³).

« Le 6ᵉ jour, on arrive à Mouï ʿAïsa, grand puits très ancien, creusé à 25 mètres et pouvant abreuver 60 cha-

(¹) Cherbonneau, *Relations de voyage*, p 7; *Mission de Ghdamès*, p. 135 ; Largeau, *le Pays de Rirha*, p. 363.

(²) *Histoire des Berbères*, t. I, p. 155.

(³) Cf. *Le Kitâb el ʿAdouâni*, trad. par Féraud, *Recueil de la Société archéologique de Constantine*, 1868, in-8º, p. 1-203 ; Largeau, *Flore Saharienne*, Genève, 1879, in-8º, p. 56 ; Féraud, *Description du Souf* dans *Les Ben Djellab, sultans de Touggourt* (Revue africaine), t. XXVI, 1882, p. 33-51.

meaux. Sur la route du Nefzaoua (au N.-E.), se trouve le puits de Bir es Souf ; au Sud, celui de Rardeya ; à l'ouest de ce dernier, sur la route de Ouargla le puits de Dela Dzeri. »

D'après une tradition(¹), le puits de Mouï ʻAïsa, qu'on appelle aussi Bir Oumm ʻAïsa (*puits de la mère de Jésus*), aurait été creusé par la tribu arabe aujourd'hui disparue d'El Aïlia. Lorsqu'un voyageur arrive la première fois à ce puits, il est tenu d'offrir comme redevance un plat de kouskous et des dattes à ceux qui ont déjà parcouru cette route. De plus, lorsqu'une caravane s'y arrête, ceux qui la composent se rangent autour du puits et chantent en se penchant vert le fond :

> Salut à vous, gens du puits !
> Vous nous avez précédés, nous vous suivons ;
> S'il plaît à Dieu, vous serez avec nous ;
> Vous nous ferez arriver avec le bien et la paix,
> Et vous nous garderez du malheur.

Suivant M. Mircher, la profondeur du puits est de 14 mètres et ne peut abreuver que 20 ou 30 chameaux(²). La route par Bir es Souf a été suivie par M. Largeau dans son second voyage.

« A partir de cet endroit, on entre dans les dunes de sable (ʻ*Areg*, veines), et l'on rencontre de nombreux troupeaux de gazelles.

« La 7ᵉ étape est Ghourd el Gorafah. »

Le Ghourd el Gorafah est sans doute le même que le Sah'an el Ghorafa où passa M. Largeau au retour de son premier voyage, pour regagner la route venant de Ouargla (³).

« Pendant six jours, on se dirige vers le Sud-Ouest ; à Demzan, on trouve des colonnes anciennes pareilles à des

---

(¹) Cherbonneau, *Relation de royage*, p. 15.
(²) *Mission de Ghdamès*, p. 130.
(³) *Le Sahara algérien*, p. 312.

troncs de palmiers. Le 7ᵉ jour, on arrive à un village de quarante maisons, appelé Zaouïah Sidi 'l Ma'bed, à 2 lieues nord de Ghdamès, où l'on entre par la porte de Dara. »

C'est à la Zaouïah de Sidi 'l Ma'bed, que se rejoignent les diverses routes partant d'El Oued ou de Ouargla pour aboutir à Ghdamès. Les puits de cette oasis ont 3 mètres de profondeur. Le nom entier de ce point est Sidi Ma'bed ben Djeridah.

CHAPITRE IV.

ITINÉRAIRES DU SAHARA OCCIDENTAL.

Les itinéraires qui suivent m'ont été dictés, pendant mon séjour au Sénégal, par un Maure Trarza, du nom d'Ah'med Saloum qui les avait, sur ma demande, recueillis de la bouche même des voyageurs de son pays. Le premier, de Saint-Louis à Tichit, fut suivi par deux individus dont l'un mourut en route, peut-être de maladie, vers la fin de l'année 1887. Le second est celui d'une caravane venue à Saint-Louis de Chinguit, en passant par Tichit.

Il existe plusieurs itinéraires entre ces divers points, et à travers les pays où ils sont situés; mais ceux que je publie aujourd'hui suivent un tracé différent et probablement plus court. Aussi, j'espère que les indications qu'ils fournissent, si maigres qu'elles soient, compléteront, sur quelques points, les renseignements donnés par Panet([1]), Vincent ([2]), Bou'l Moghdad ([3]), Bourrel ([4]), Mage ([5]), Alioun Sal ([6]), Colas ([7]).

([1]) *Revue coloniale*, t. V, 1850, p. 379-445, 473-563.
([2]) *Voyage d'exploration de l'Adrar* (*Revue algérienne et coloniale*, 1860, p. 445-494; *Bulletin de la Société de géographie*, janvier 1861, p. 5-37; *Tour du monde*, n 56, 1861, 1ᵉʳ semestre); résumé dans l'*Annuaire du Sénégal* pour 1864, Saint-Louis, 1864, p. 121.
([3]) *Voyage par terre entre le Sénégal et le Maroc* (*Revue maritime et coloniale*, 1861, p. 478-494); résumé dans l'*Annuaire du Sénégal* pour 1864, p. 137.
([4]) *Voyage dans le pays des Maures Braknas* (*Revue maritime et coloniale*, 1861, p. 511-545); résumé dans l'*Annuaire du Sénégal* pour 1864, p. 149.
([5]) *Voyage au Tagant* (*Revue algérienne et coloniale*, t. III, 1860, p. 1-28); résumé dans l'*Annuaire du Sénégal*, p. 159.
([6]) *Annuaire du Sénégal* pour 1864, p. 171.
([7]) *Renseignements géographiques sur l'Afrique centrale et occidentale*. Alger, 1880, in-8°.

I.

Itinéraire de Saint-Louis à Tichit.

Le premier jour, on couche à Ergig, montagne où l'on trouve quelques tamarix (*ethel*, *Tamarix articulata*) après une marche d'environ six heures.

Le nom d'*Ergig* peut se rattacher soit à la racine berbère R G G (var. R J J, R Z Z) d'où provient un des noms du lièvre, ou encore à la racine arabe R Q Q devenue R G G dans la prononciation h'asania ; ce serait le mot *rgig* (*rqiq*) désignant une sorte de cistinée, l'*Helianthemum sessiliflorum*, appelée aussi *semhari* ([1]).

2° jour. *El 'Araïch* (en arabe, les huttes de branchages de tonnelles) : colline couverte de tamarix.

Le nom se rencontre fréquemment dans la synonymie géographique arabe : El 'Arich, en Égypte ; El 'Aricha (département d'Oran), El 'Araïch (Larache) dans le Maroc.

3° jour. Après avoir passé près du puits de Tkheïna, on arrive à la montagne d'El Merya (*le Miroir*), où l'on trouve un peu d'herbe. Le terrain parcouru est pierreux, sans végétation.

4° jour. Campement à la montagne d'Eirech, où il y a du bois et quelques gonatiers (en zénaga, *agandt*, peut-être du mot wolof *gonaké ga*).

5° jour. On campe à Aouléiouk, puits comblé depuis dix-sept ans : il portait alors le nom de Mouley 'Ali, cheïkh qui habitait aux environs. Aujourd'hui l'on n'y trouve ni eau, ni arbre.

6° jour. Na'imât : à partir de ce point, on entre dans une fraction de l'Areg (dunes) ; il ne produit pas d'herbe, mais des tamarix en assez grand nombre, ainsi que des buissons pareils aux jujubiers sauvages (*sidra*, *Zyziphus lotus*).

7° jour. Au milieu de cette étape, on trouve le puits

([1]) Le mot *rgig* désigne aussi une zygophyllée : le *Fagonia fruticans*.

d'El 'Abbara et l'on campe à Tendamar. Le terrain redevient pierreux et produit un peu d'herbe.

8ᵉ jour. Lemhairid, petite montagne où l'on trouve de l'eau en automne. Le mot *mhairid* désigne en arabe-h'asania un terrain où l'eau pénètre et coule sous terre. Le sol est pierreux, sans arbre ni herbe.

9ᵉ jour. El 'Ogaïla (diminutif de 'Ogla), puits comblé depuis onze ans, auprès duquel habitait un certain Moula Ioufan. Les pluies l'ont rempli peu à peu de sable. On y voit un seul arbre, un baobab (*taïdoum*).

10ᵉ jour. Ed'ouiat el boul, terrain pierreux ; on y trouve un peu d'herbe.

11ᵉ jour. Tichit. Le nom primitif de Tichit, d'après Barth[1], est Chétou. Tichit pourrait être aussi le diminutif du mot berbère *ich*, la corne. Cette ville fut peuplée d'abord par les Masinas, fraction des Asouanek ou Azer[2], fondateurs de l'empire du même nom qui avait pour capitale Tenengou. Les Arabes[3] attribuent, suivant Barth, sa construction à 'Abd el Moumen, le fondateur de la dynastie almohade (vᵉ siècle de l'hégire). Nous ne connaissons pas cependant d'expéditions de 'Abd el Moumen dans le Soudan, à moins qu'il ne faille considérer comme telle sa campagne contre la ville inconnue de Tacha'bout ou Tassimout, après la soumission du Derâ[4]. Les Oulâd Billé, d'origine arabe, vivaient dans cette ville, mêlés aux Masinas et formaient, il y a deux siècles, une tribu puissante. Au temps de Barth, Tichit ne comptait guère

---

[1] *Reisen und Entdeckungen im Nord- und Central-Afrika*, t. V, p. 517.
[2] D'après Barth (*Reisen*, t. V, p. 511), les Asouanek ou Azer auraient été connus des voyageurs arabes sous le nom de Marka, que leur donnent encore aujourd'hui les Bambaras. Le pays où s'élève Nyamina, aujourd'hui possession française et voisin de l'empire de Tidiani, sur le Niger, se nomme encore aujourd'hui Markadougou (pays des Markas). Ils portent aussi le nom de Sébé, de Ouakoré ou de Soninké. La caste dominante serait d'origine foulah : c'est d'ailleurs du pays des Masinas que les traditions que j'ai recueillies dans le Fouta-Toro, font partir les Peuls. La classe inférieure comprendrait les Ouakoré, apparentés aux Malinkhé.
[3] Ibn Khaldoun, Al Marràkochi et le Qart'as ne parlent pas de cette fondation.
[4] Ibn Khaldoun, *Histoire des Berbères*, t. II, p. 174.

que 3,000 habitants, bien que le Trarza, mon informateur, prétende qu'elle est plus grande que Saint-Louis. Sa principale ressource consiste dans le commerce du sel tiré de la sebkha d'Ijil, dans la partie orientale du Tiris (¹). Barth a publié (²), comme spécimen de la langue parlée à Tichit, une version de la parabole de l'Enfant prodigue.

II.

Itinéraire de Tichit à Chinguit (³).

1ᵉʳ jour. En quittant Tichit, on traverse une plaine de sable jusqu'à la station d'Aouleygat où campent les Khalioun (?) : on y trouve de l'eau, des arbres de toute sorte et surtout des acacias (en arabe, *t'alh'a* ; en touareg, *absaq* ; au Fezzan, *querodh*, *Acacia arabica* [⁴]) et des tamarix. On y cultive le henné (*Lawsonia inermis*) [⁵].

2ᵉ jour. La seconde étape va jusqu'à un puits, près d'une colline de sable, chez les Ida ou Aïch (⁶). Il y a de l'herbe.

(¹) Cf. Colas, *Renseignements sur l'Afrique centrale*, p. 29.

(²) *Zeitschrift der deutschen morgenländischen Gesellschaft*.

(³) L'itinéraire de Chinguit à Tichit donné par Colas (*Renseignements*, p. 25-28) compte 14 journées de caravane : les étapes sont Hassi, El Meriti, cinq stations dans la plaine sans eau d'El Meria, Oglat en Nemadi (sept puits), et cinq journées environ dans le pays des Oulâd Billé.

(⁴) Sur l'extension de cet arbre dans tout le Sah'ara, cf. Léon l'Africain et H. Duveyrier, *les Touaregs du Nord*, p. 164-166.

(⁵) René Caillié nous donne les détails suivants sur l'emploi du henné chez les Maures voisins du Sénégal : « Le henné croît abondamment dans l'intérieur : les Mauresses pilent ses feuilles qui produisent une couleur rouge pâle (?) en usage pour leur parure. Les feuilles étant pilées et réduites en pâte, cette pâte est appliquée sur la partie du corps que l'on veut colorer ; on la préserve de l'action de l'air en la couvrant, et on l'arrose souvent avec de l'eau dans laquelle on a fait macérer de la fiente de chameau. La couleur est cinq à six heures à se fixer ; après ce temps, on enlève le marc, et la partie qui a été recouverte reste teinte d'un très beau rouge. Elles se mettent du henné sur les ongles, sur les pieds et dans les mains, où elles se font toutes sortes de dessins ; je n'en ai jamais vu mettre à la figure. Cette couleur reste un mois sans s'altérer et s'efface au bout de deux mois. C'est chez les Maures non seulement un très bel ornement, mais encore un usage consacré par la religion pour les femmes qui se marient. Lorsqu'on a mis le henné à une femme, elle affecte de le faire voir ; elle a solu, en parlant, de faire remarquer ses mains et ses pieds, pour qu'on lui en fasse compliment. Partout les femmes sont coquettes. » (Caillié, *Voyage à Tomboctou*, Paris, 1830, 3 vol. in-8°. I. R., t. I, p. 138.)

(⁶) Cf. sur les Ida ou Aïch (Douaïch, Dowaïch, etc.) un article du général Faidherbe dans l'*Annuaire du Sénégal* pour 1858, reproduit dans les *Annales des voyages*, janvier 1859.

3e jour. Mdeïkhaat, 'ogla au milieu des collines de sable couvertes d'herbe; pas d'arbres.

4e jour. Bou Sedra, puits ainsi nommé des jujubiers sauvages qui y abondent; au milieu d'un désert pierreux, sans arbres.

5e jour. Ifezzouiten, puits situé dans les mêmes conditions que le précédent.

6e jour. Finguir, puits peu abondant, au milieu des sables, entouré de baobabs.

7e jour. El H'aït, comme son nom l'indique, est une enceinte, mais abandonnée, dans un désert sablonneux, sans eau ni arbre.

8e jour. Chinguit.

D'après Panet (¹), cette ville est bâtie dans une vallée sablonneuse, entre deux collines de sables plantées de dattiers : on y cultive le blé et l'orge; l'unité monétaire est la plaque de sel de 1 mètre de long sur 0^m,25 de large. Panet ne lui donne que 250 à 300 âmes. Le capitaine Vincent, d'après le voyageur Mardokhaï, compte 800 maisons et 3,000 à 4,000 âmes. Elle est peuplée d'Arabes et de Maures appartenant, selon Barth (²), à la tribu des Oulâd Yah'ya ben Othmân, comprenant les fractions suivantes : Oulâd 'Othmân, qui fournissent le chef de la ville (³), el 'Aousiat, qui parlent encore zénaga (?), Er Redân, Oulâd bou Lah'ya, Oulâd Egchar, Ida-ou-'Ali, qui forment le tiers de la population. La renommée de cette ville remonterait assez haut, puisqu'elle daterait d'un certain 'Abder Rah'mân, originaire de Chinguit, qui parut à la cour du khalife Haroun er Rachid(⁴). Les habitants sont célèbres dans toute l'Afrique du Nord pour leur connaissance parfaite de l'arabe (⁵). La bibliothèque de la

---

(¹) *Revue coloniale*, t. V.

(²) *Reisen und Entdeckungen*, t. V, p. 555.

(³) Au temps de Barth et du capitaine Vincent, ce chef se nommait Ah'med-Fal b. Sidi Ahmed b. 'Othmân.

(⁴) Barth, *Reisen und Entdeckungen*, t. V, p. 522-523.

(⁵) Cf. une note de M. de Landberg, *Journal asiatique*, 1883, t. I, p. 537. — Les

mosquée d'El Qarouin, à Fas, renferme le divan d'un personnage désigné sous le nom de Chérif el 'Oloum Ech Chinguiti (¹).

NOTE ADDITIONNELLE.

Le long espace de temps qui s'est écoulé entre la publication de la préface et l'apparition du volume explique les lacunes qu'on y rencontrera. C'est ainsi que, dans l'intervalle, l'ouvrage d'Ahmed el Yagoubi (p. 1) a été publié une seconde fois par M. de Goeje dans sa collection des géographes arabes, de même que le livre d'Ibn Khordadbèh; l'histoire de Mequinès d'Ibn Ghazi (p. 4) a été traduite par M. Houdas (*Monographie de Mequinez*. Paris, 1885, in-8°). Pour mes itinéraires du Rif (chapitre Ier), je n'ai pu utiliser l'ouvrage capital de M. Mouliéras (*Le Maroc inconnu*. Paris, 1895, in-8°), non plus que les travaux non moins importants de Quedenfeldt; la *Géographie d'El Fezari* (chap. II), qu'on attribue à un anonyme originaire d'Almeria, a été l'objet d'une note dans mon article sur l'*Aqueduc et la statue de Cadix*. (*La Tradition*, avril 1892, p. 98-99, note 4.)

J'espère que, malgré ces lacunes, cette publication n'en rendra pas moins service aux études de géographie et d'histoire africaines.

Alger-Mustapha, 25 janvier 1898.

---

habitants de l'Adarar (Adrar) possèdent au plus haut degré le sentiment religieux et le goût des lettres. Il n'est pas jusqu'aux femmes qui n'aient quelques notions de lecture et d'écriture. » (Colas, *Renseignements*, p. 19.)

(¹) Cf. mes *Manuscrits arabes de deux bibliothèques de Fas*. Alger, 1883; gr. in-8° p. 9.

TABLE DES MATIÈRES

———

Pages.

Introduction.   1

Chap. I. — Un itinéraire arabe. De Fâs à Djemà Ghazâouàt . . .   5

Chap. II. — Géographie d'El Fezari   14

Chap. III. — Itinéraires du Sahara central.   30

Chap. IV. — Itinéraires du Sahara occidental.   49

Note additionnelle.   54

Nancy, impr. Berger-Levrault et Cie,

www.ingramcontent.com/pod-product-compliance
Lightning Source LLC
LaVergne TN
LVHW022147080426

835511LV00008B/1317